आप कर सकते हैं

Hindi Translation of the International Bestseller
YOU CAN

Published 2024
FiNGERPRINT! HINDI
An imprint of Prakash Books India Pvt. Ltd

113/A, Darya Ganj,
New Delhi-110 002
Email: info@prakashbooks.com/sales@prakashbooks.com

Fingerprint Publishing
@FingerprintP
@fingerprintpublishingbooks

ISBN: 978 93 5856 913 1

आप कर सकते हैं

Hindi Translation of the International Bestseller
YOU CAN

डॉन एम. ग्रीन की टिप्पणी के साथ संकलित

आपकी सफलता जैसे विश्व के सबसे महत्त्वपूर्ण विषय पर संक्षिप्त वार्ताओं का संग्रह

जॉर्ज मैथ्यू एडम्स

साथ में नेपोलियन हिल और अन्य महान लोगों के उद्धरण

अनुवादक: यामिनी रामपल्लीवार

FiNGERPRINT!

'वह व्यक्ति राजा है, जो कुछ भी कर सकता है'
—कार्लाइल

विषय-सूची

- प्रस्तावना 11
- 'यू कैन'-आप कर सकते हैं 13
- 50-50 16
- मौन 18
- चरित्र 20
- गलतियां 23
- आदतें 25
- साथ-साथ 28
- जीत 31
- समय 34
- सफलता 37
- दु:साहस 39
- रीढ़ यानि स्वाभिमान 41
- भुगतान 44
- उपयोगी बनें 47
- क्यों 50
- चेहरे 53
- जिम्मेदारी 56
- प्रसन्नता 58
- सेवा 60
- कल्पना 62
- भूत 65
- सम्मान 68
- लिंकनाइज करें 70
- ईमानदारी 72
- लगातार प्रयास करें 74
- एकाग्रता 76
- सीखें 78

सोचें	80
अवसर	82
निष्ठा	84
साहस	87
विश्वास	89
उत्साह	92
मैं करूंगा	94
संभावनाएं	97
तत्परता	99
विचार	102
लड़ाई	104
प्रशंसा	107
नेतृत्व	110
दृष्टि	112
सुनें	114
परिधान	116
खोजें	119
सपने	122
ईर्ष्या	124
देखें	126
यू.एस.	128
परिपूर्णता	130
उपयोग	132
वातावरण	134
चिंता	136
प्रोत्साहन	138
इच्छाशक्ति	140
सद्भाव	143
अनिवार्यता	146
पुस्तकें	148
बांटते रहें	151
सौजन्यता	154
लक्ष्य	157

धन्यवाद	160
दृष्टिकोण	162
आज	164
शिष्टाचार	166
आत्म-नियंत्रण	169
प्रभाव	172
सामना करें	175
संयम	177
करने वाले काम	179
पूर्वज	181
आने वाला कल	183
आगे बढ़ती रहें	185
आधा-अधूरा न छोड़ें	188
दर्शक	190
मित्र	192
आदत	195
आपकी मां	197

प्रस्तावना

वेबस्टर की क्लासिक रेफरेंस डिक्शनरी में मॉसल शब्द को भोजन के एक छोटे निवाले के रूप में परिभाषित किया गया है। इस छोटी-सी पुस्तक में विचार के लिए भोजन के बहुत-से निवाले समाहित हैं।

थोड़ी-सी मात्रा में भी ली गई जानकारी अच्छी आदतों को जन्म दे सकती है, कुछ हद तक सकारात्मक आदतों को। सफलता अपने आप में पूरी तरह से आदत से जुड़ी होती है, विचार और कार्य दोनों तरह की आदतों से।

महापुरुषों की जीवनियां पढ़ें तो पता चलता है कि पुस्तकों ने उनके जीवन में महत्त्वपूर्ण परिवर्तन लाया है, उनके जीवन को विकसित किया है।

डब्ल्यू क्लेमेंट स्टोन ने किसी से एक सौ डॉलर उधार लेकर इंश्योरेंस बिजनेस शुरू किया था। इस बिजनेस से उन्हें सौ मिलियन डॉलर की शुद्ध कमाई हुई। नौजवान डब्ल्यू क्लेमेंट स्टोन ने होरेशियो अल्जीरिया की पुस्तकें पढ़ी थीं और इन पुस्तकों के कारण जीवन को देखने के उनके मानसिक दृष्टिकोण पर जबरदस्त प्रभाव पड़ा था।

युवा अब्राहम लिंकन किताबें उधार लेने के लिए कई मील पैदल चलकर जाते थे और फिर और फायर प्लेस की रोशनी में उन्हें पढ़ते थे। लिंकन की अधिकांश पढ़ाई उधार ली हुई किताबों से ही हुई।

हमारे तीसरे राष्ट्रपति, थॉमस जेफरसन ने एक बार टिप्पणी की थी, 'मैं किताबों के बिना नहीं रह सकता।' इस वाक्य से मुझे बिल्कुल आश्चर्य नहीं होता।

इस छोटी-सी पुस्तक को पढ़ें और इसमें दी गई छोटी-छोटी जानकारियों पर ध्यान दें। ये सफलता की राह में आपकी बड़ी मदद करेंगी।

-डॉन एम. ग्रीन
कार्यकारी निदेशक
नेपोलियन हिल फाउंडेशन

***

वह बात हमेशा घटित होती है जिस पर आप वास्तव में विश्वास करते हैं और किसी बात में विश्वास ही उसे घटित करता है।

—फ्रैंक लॉयड राइट, *1867-1959*

किसी भी प्रयास में सफल होने के लिए आपके पास काम करने के लिए एक निश्चित लक्ष्य होना चाहिए। उस लक्ष्य को प्राप्त करने के लिए आपके पास निश्चित योजनाएं होनी चाहिए। कार्य-प्रक्रिया की एक निश्चित योजना के बिना कभी भी कुछ भी सार्थक नहीं होता है। इस प्रक्रिया का *व्यवस्थित रूप से और लगातार, हर दिन पालन किया जाना चाहिए।*

—नेपोलियन हिल, *1883-1970*

यदि आप पहले ही यह जान लें कि आप क्या चाहते हैं, तो सफल होना आपके लिए आसान हो जाएगा। इसके बाद आपको काम शुरू करने के लिए एक्शन प्लान बनाना होगा। जब आप काम की शुरुआत करेंगे, तो हो सकता है कि आपके पास अपने सभी सवालों के जवाब न हों, लेकिन केवल इसी वजह से आपको अपनी सफलता की यात्रा शुरू करने से हिचकिचाना नहीं चाहिए।

—डॉन एम. ग्रीन, कार्यकारी निदेशक
नेपोलियन हिल फाउंडेशन

***

'यू कैन'-आप कर सकते हैं

आप वह सबकुछ कर सकते हैं जिसे करने का कीड़ा आपके भीतर कुलबुलाता रहता है। लेकिन, अपनी पूरी संभावनाओं को साकार करने के लिए, उन पर हावी होने और उन्हें हासिल करने के लिए आपके पास ऊंचा लक्ष्य, ऊंचे आदर्श और महत्वाकांक्षाएं होनी चाहिए। ये सभी बातें पक्के इरादे से जुड़ी हुई हैं। 'आप स्वयं निर्धारित करते हैं कि आपको किस ऊंचाई तक पहुंचना है। क्या आपको पर्वत का शिखर दिखाई दे रहा है?'

तो ठीक है-

आइए, वहां पहुंचने के लिए शुरुआत करें।

आप किसी भी समय अपनी इच्छानुसार अपने आप पर नियंत्रण रख सकते हैं। आप दुनिया में अपनी एक महान शख्सियत बना सकते हैं। आप पर किसी का अधिकार नहीं है। आपके व्यक्तिगत कॉर्पोरेशन में स्टॉक का पूरे सौ प्रतिशत हिस्सा आपका ही है। छोटी समझ वाले जो विघ्नसंतोषी लोग आपके पास आकर रोते-बिसूरते हैं, वे हर ताकतवर आदमी के दरवाजे पर जाकर अपना रोना रोते हैं। आप भविष्य पर नजर रखते हुए अपनी शक्ति से उन्हें बौना साबित कर सकते हैं। क्या अभी आप ऐसा कर रहे हैं?

बहुत बढ़िया-

ऐसा करना जारी रखें!

आप जिस जगह पर हैं, वहीं पर रहकर अपने कौशल के बल पर 'अपना सर्वश्रेष्ठ' प्रदर्शन करते हुए अपनी शर्तों पर अपनी मुस्कुराहट, उत्साह और चिर-यौवन बनाए रह सकते हैं। परिणामों की चिंता न करें, वे अपने आप मिलने लगेंगे। दूसरों के उपहास, आलोचनाओं, गलत अनुमानों पर कभी ध्यान न दें। यदि आपके दृढ़ चरित्र ने आपको इंतजार करना सिखा दिया है, तो समय इन सभी नकारात्मक बातों को दूर कर देगा। बीते कल की योजनाओं को आज क्रियान्वित किया जाता है। आने वाले कल की शुरुआत

आज से होती है। दुनिया और आप स्वयं भी अपनी अहमियत इस बात से नापते हैं कि आप हर दिन यहां कितना योगदान देते हैं। सफलता दिनों का योग है।

तो फिर आज ही करें।

आप परिश्रम, त्याग, उत्साह, निःस्वार्थ भाव और आत्म-संयम से सफलता सुनिश्चित कर सकते हैं। आप अपने भाग्य के स्वामी स्वयं हैं। आज से ही अपने आप पर नियंत्रण रखें।

आप कर सकते हैं!

***

गुलाब देने वाले हाथ में खुशबू हमेशा बनी रहती है।

-हाडा बेजर

सोचो और अमीर बनो के दर्शन की बुनियादी बात यह है कि जितना अधिक आप देंगे, उतना अधिक आपको मिलेगा। आप अपने ग्राहकों, अपने सहयोगियों, अपने कर्मचारियों और अपने परिवार के लिए आप जो कुछ भी करते हैं, उसे अपेक्षा से थोड़ा अधिक करने का अभ्यास करें। आप अलग दिखेंगे क्योंकि अधिक दूर निकल जाने पर ट्रैफिक जाम नहीं होता है। और आप पाएंगे कि दूसरों की सेवा करना जीवन का सबसे बड़ा धन है।

-नेपोलियन हिल, 1883-1970

सफलता का एक सिद्धांत है, बोना और काटना। कुछ लोग सफलता की प्रतीक्षा में बैठे रहते हैं, वजह चाहे जो भी हो। वहीं कुछ लोग आगे बढ़कर सफलता को हासिल कर लेते हैं, इसलिए, वे वास्तव में सफलता के सिद्धांतों को कभी समझ ही नहीं पाते हैं।

किसी को सफलता तक पहुंचा पाना संभव नहीं है, लेकिन हम दूसरों का हाथ बंटाकर उन्हें उनकी मदद करने में सक्षम बना सकते हैं।

-डॉन एम. ग्रीन
कार्यकारी निदेशक, नेपोलियन हिल फाउंडेशन

***

50-50

इस संसार में कोई भी व्यक्ति जितना देता है, न्यायोचित रूप से उससे अधिक कभी नहीं पाता है। और यदि वह ऐसा करता है, तो इसका मतलब वह चोर है। पहले स्वयं बदनाम होता है, फिर बाकी सभी को बदनाम करता है। समान विभाजन हमेशा न्यायपूर्ण विभाजन होता है। आधा आपके लिए और आधा उसके लिए। दूसरे शब्दों में कहें तो 50-50 के आधार पर विभाजन होता है।

आप जितना लेते हैं उतना ही देने में प्रसन्न रहें।

आप यदि एक कर्मचारी हैं, तो क्या आप आश्वस्त हैं कि नियोक्ता से जितना पैसा, अनुभव, प्रेरणा और प्रशिक्षण ले रहे हैं, उतनी ही सेवा भी दे रहे हैं? लीजिए, तुरंत चालान ले लीजिए। क्या परिणाम 50-50 जैसे दिख रहे हैं? यदि नहीं, तो इस योजना को क्रियान्वित करना शुरू करें-

आप जितना लेते हैं उतना ही देकर प्रसन्न रहें।

50-50 के इस प्लान की सही व्याख्या सही ढंग से इस तरह की गई है कि शिकायत करने वालों, असंतुष्टों और असफलता चाहने वालों का अंत। वे इस तरह के माहौल में नहीं रह सकते, क्योंकि वातावरण बहुत सकारात्मक और स्फूर्तिदायक है।

आप जितना लेते हैं उतना ही देकर प्रसन्न रहें।

इस दुनिया का हर विवाद 50-50 सिद्धांत की कमी के कारण होता है। बिखरे हुए घर-परिवार, टूटे-फूटे बस अड्डे, भुला दी गई दोस्ती, दुनिया की खर्चीली सेनाएं। जीवन के प्रत्येक चरण में इस सिद्धांत को लागू करना जरूरी है। लेकिन यह तब तक रोजमर्रा की कार्रवाई का नियम नहीं बनेगा जब तक कि आप जहां हैं वहां पर 50-50 को लागू करना शुरू न करें।

आप जितना लेते हैं उतना ही देकर प्रसन्न रहें।

***

मौन का एक बड़ा फायदा यह है कि इससे किसी को भी यह पता नहीं चलता कि आपका अगला कदम क्या होगा।

–नेपोलियन हिल, 1883-1970

फिल्म साइलेंट आवर में बताई गई इस आदत को अपनाने पर विचार करें कि जब आप मौन रहकर आपके भीतर बोलने वाली बहुत धीमी, शांत आवाज को सुनेंगे, तो सबसे बड़ी शक्ति यानि रचनात्मक दृष्टि को खोज पाएंगे। यह एक ऐसी शक्ति है जो आपको जीवन की नदी के विफलता के किनारे से विपरीत, सफलता के किनारे की ओर ले जाएगी।

अपने मौन के घंटे (साइलेंट आवर) में आप अकेले होंगे, बस आप होंगे और आपका ईश्वर। यह एक ऐसा घंटा है जिसे आप किसी अन्य के साथ साझा नहीं कर सकते। आपको अपनी इच्छा और सहमति से अकेले ही मौन में जाना होगा। वहां पहुंचने के बाद, आपको अपने लिए बोलना होगा। कोई भी आपके लिए नहीं बोल सकता और कुछ नहीं होगा-केवल सहेजें जिससे आप प्रेरित होते हैं। इसके अलावा, आपके मौन समय के बाहर आपके लिए कुछ भी बहुत जरूरी नहीं हो सकता है, सिवाय इसके कि आप अपनी व्यक्तिगत पहल से प्रेरित होते हैं, और रचनात्मक दृष्टि व्यक्तिगत पहल को आगे बढ़ने के लिए प्रेरित करती है।

–नेपोलियन हिल, 1883-1970

***

मौन

जी हां, मौन स्वर्णिम होता है। यह आप भी जानते हैं, लेकिन इसे और अधिक दृढ़ता से महसूस करने का प्रयास करें। क्योंकि, मौन व्यक्ति आमतौर पर विचार करने वाला व्यक्ति होता है और मौन कर्मचारी काम को पूरा करने वाला होता है। लेकिन सबसे अच्छी बात यह है कि दैनिक जीवन में मौन बने रहने के नियम का पालन करना आपको बड़ा और शक्तिशाली बनाता है।

पलटकर जवाब न दें।

नेपोलियन, क्रॉमवेल, वाशिंगटन, ग्रांट, लिंकन, मार्शल फील्ड-एडिसन जैसे दुनिया के कई महान स्त्री और पुरुष मितभाषी रहे हैं। इन लोगों के पास वाद-विवाद, झगड़े या बदला लेने के लिए समय नहीं था।

पलटकर जवाब न दें।

विश्व, मौन के विचार को अपना रहा है-बातें कम, काम ज्यादा। यह प्रकृति का एक बड़ा नियम है। यह बिजनेस का बड़ा नियम बनता जा रहा है। मौन का कोई उत्तर नहीं हो सकता। मौन का उत्तर देने के लिए कुछ भी नहीं रहता।

पलटकर जवाब न दें।

अपने आसपास नजर दौड़ाएं। मूक रहकर अपने काम से काम रखने वाले लोगों की आप प्रशंसा करते हैं। आप अपने शहर के मददगार व्यक्तियों के नाम जानते हैं। आप उनका समय बर्बाद नहीं कर सकते-आप उन्हें 'पागल' नहीं बना सकते। आप उनसे कुछ भी चुरा नहीं सकते। उनका मौन ही उनकी दौलत है और उनकी खामोशी ही बहुत कुछ बोलती है। आपने अपने जीवन में कई आदर्श वाक्य बनाए होंगे। अब मौन को भी अपना आदर्श बना लें।

पलटकर जवाब न दें।

***

किसी भी व्यक्ति के लिए अपने अलावा किसी और से धोखा खाना असंभव है।

—राल्फ वाल्डो एमर्सन, 1803-1882

व्यक्ति जिस तरह से प्रशंसा पाते हैं, आप उसके आधार पर उस व्यक्ति के चरित्र की भविष्यवाणी कर सकते हैं।

—लुसियस एनायस सेनेका, 4 ई.पू.-65 ई.

लोगों के मन में अपने बारे में एक अच्छी छवि बनाने और बनाए रखने की क्षमता सफलता की राह में आने वाली कई बाधाओं को दूर कर देती है। यह लोगों के प्रेरक विरोध या सहयोग के बीच अंतर को भी कम कर सकती है, चाहे आप उनसे अभी-अभी मिले हों या उन्हें वर्षों से जानते हों।

—नेपोलियन हिल, 1883-1970

***

चरित्र

चरित्र वह कुल मूल्यवान परिणाम है जो एक व्यक्ति के पास सब कुछ जीतने के बाद रहता है और वह एकमात्र संपत्ति है जो सब कुछ खोने के बाद उसके पास बची रहती है।

चरित्र शक्ति है।

आर्थिक दुनिया की सबसे बड़ी शक्ति जे. पियरपोंट मॉर्गन ने अपनी मृत्यु के समय पूरे दावे के साथ कहा था, 'चरित्र ही किसी व्यक्ति का एकमात्र पैमाना है या एकमात्र नियम जिसके द्वारा उसे व्यवसाय में आंका जा सकता है, और इसलिए भौतिक संपत्ति का महत्त्व गौण है।'

चरित्र शक्ति है।

मनुष्य द्वारा निर्मित चरित्र की दीवारें उसे अन्य लोगों द्वारा उस पर किए गए किसी भी निर्दयी हमले का सामना करने में सक्षम बनाएंगी। किसी भी पुरुष या स्त्री का अच्छा चरित्र अभेद्य है। किसी की प्रतिष्ठा पर ऊंगली उठाई जा सकती है, लेकिन चरित्र पर नहीं। प्रतिष्ठा लोगों द्वारा बनाई-बताई जाती है, जबकि चरित्र वह है, जो व्यक्ति वास्तव में है।

चरित्र शक्ति है।

चरित्र प्रतिभा, बुद्धिमत्ता, धन-दौलत और दोस्तों से बड़ा है। इसकी किसी से भी तुलना नहीं की जा सकती। किसी व्यक्ति के पास ये सब कुछ हो, फिर भी वह तुलनात्मक रूप से दु:खी रह सकता है, अपने आपको बेकार समझ सकता है और एक दिवालिया आत्मा लेकर अपना जीवन समाप्त कर सकता है। लेकिन, व्यक्ति का चरित्र उसे असीम लाभांश प्रदान करता है। व्यक्ति को पराक्रमी बनाता है, और उसे अमर बना देता है।

चरित्र शक्ति है।

बिजनेस में, घर-परिवार में, चौक-चौराहों पर यानि हर जगह चरित्र ही शक्तिमान है। और यह दयालु, ईमानदार, चौकस, व्यवस्थित, उदार, वफादार, निडर और बड़ा बनने के इच्छुक व्यक्ति के लिए नि:शुल्क उपलब्ध है! लोगों पर अपने चरित्र की गहरी मुहर लगाएं और अपने काम पर राज करें।

अपने चरित्र का नेतृत्त्व स्वीकारें। लेकिन, इसे मजबूत बनाने के लिए हर घंटे संघर्ष करें, क्योंकि-

चरित्र शक्ति है।

***

जीवन में सबसे बड़ी गलती जो आप कर सकते हैं वह यह है कि लगातार इस बात से डरते रहना कि आप कोई गलती कर बैठेंगे।

–एल्बर्ट हब्बार्ड, 1856-1915

यदि आपके द्वारा अपनाई गई पहली योजना सफलतापूर्वक काम नहीं करती है, तो उसकी जगह एक नई योजना बना लें। यदि यह नई योजना भी काम न करें, तो इसके बदले में कोई अन्य योजना बनाएं। ऐसा तब तक करते रहें, जब तक कि आपको कोई कारगर योजना नहीं मिल जाती। बस यहीं पर आकर अधिकतर लोगों को विफलता का सामना करना पड़ता है, क्योंकि उनमें इतनी दृढ़ता नहीं होती कि विफल हो रही योजनाओं की जगह नई योजना बना लें।

–नेपोलियन हिल, 1883-1970

अपनी गलतियों से सीखकर ही व्यक्ति उसके साथ जो कुछ घटित हुआ है, उसे समझ पाता है। अनपेक्षित परिणामों के कारण या तो व्यक्ति हार मान जाता है, या इस बाधा को सफलता की सीढ़ी मानकर आगे बढ़ता है। किसी गलती को सबक के रूप में स्वीकार करना, आगे बढ़ने के लिए प्रोत्साहन हो सकता है।

–डॉन एम. ग्रीन, कार्यकारी निदेशक
नेपोलियन हिल फाउंडेशन

***

गलतियां

अपनी गलतियों पर विचार करें।

गलतियां दो प्रकार की होती हैं। एक, जो सामान्य मानवीय गलत सोच के कारण होती हैं और दूसरी जो लापरवाही और बिना सोचे-समझे काम करने के कारण होती हैं।

अपनी गलतियों पर विचार करें।

गलतियां बड़े से बड़े व्यक्ति से भी हो सकती हैं। लेकिन, राज की बात यह है कि बड़ा आदमी अपनी गलतियों से बड़ा बनता है, क्योंकि वह अपनी गलतियों से सीखता है, और फिर आगे बढ़ता है।

ब्रुकलिन के प्लायमाउथ चर्च में हेनरी वार्ड बीचर का उपदेश सुनने के बाद एक युवक उनके पास आया और बोला, 'मिस्टर बीचर, क्या आप जानते हैं कि आपने आज अपने उपदेश में व्याकरण संबंधी एक गलती की है?'

बीचर ने उससे कहा, 'व्याकरण की एक गलती तो क्या, मैं शर्त लगाकर कह सकता हूं कि मैंने अपने उस उपदेश में चालीस गलतियां की हैं।' शक्तिशाली व्यक्ति की आधी शक्ति उसकी किसी न किसी प्रकार की गलतियों से उत्पन्न होती है। गलतियां उसे इंसान बनाए रखने में मदद करती हैं।

अपनी गलतियों पर विचार करें।

लेकिन, जो गलतियां मनुष्य की शक्ति को छिन्न-भिन्न कर देती हैं, उसे कमजोर कर देती हैं वे मूर्खतापूर्ण, लापरवाही भरी गलतियां होती हैं। क्लर्क को यदि अपना काम याद नहीं रहता, स्टेनोग्राफर यदि काम में लापरवाही बरतता है, कर्मचारी यदि अपने निर्धारित काम की उपेक्षा करता है, तो ये वे लोग हैं जिनको विफल होने से कोई रोक नहीं सकता। ये कुछ इसी तरह है जैसे उनके जीवन से रक्त और जीवन-शक्ति खींच ली जाए। आपका सबसे बड़ा काम और सबसे बड़ी जिम्मेदारी है प्रत्येक दिन, गलतियों की परवाह किए बिना अपना सर्वश्रेष्ठ प्रदर्शन करना है। लेकिन जब आपका काम पूरा हो जाए और आपको अपनी गलतियों का एहसास हो, तो उससे भागें नहीं, मुंह न चुराएं, शिकायत न करें, हताश-निराश न हों, बल्कि-

अपनी गलतियों पर विचार करें।

फिर उनसे लाभ उठाएं, और आगे बढ़ें!

***

यदि आप जो आज कर रहे हैं, वही लगातार करते रहे, तो आप आज से दस साल बाद कहां होंगे और क्या कर रहे होंगे?

-नेपोलियन हिल, 1883-1970

परिस्थितियां यदि नियंत्रण में रहें, तो एक सुनिश्चित बड़े उद्देश्य, विश्वास और दृढ़ संकल्प वाला व्यक्ति कभी-कभी सफलता के बजाय विफलता की ओर बढ़ जाता है, लेकिन वह वहां लंबे समय तक बना नहीं रहेगा। क्योंकि, अपनी पराजय के प्रति उसकी मानसिक प्रतिक्रियाएं इतनी मजबूत होंगी कि वे उसे वह सफलता दिलाकर ही रहेंगी, जिसका वह अधिकारी है।

यह समझें कि विफलता या हार केवल अस्थायी है, हमारे भीतर विनम्रता, बुद्धिमत्ता और समझ बढ़ाने का प्राकृतिक तरीका। यह भी समझें कि हर प्रतिकूलता के साथ एक उसी के बराबर या उससे अधिक बड़े लाभ का बीज भी मौजूद होता है।

-नेपोलियन हिल, 1883-1970

***

आदतें

जीवन का एक महत्त्वपूर्ण सबक है अपनी आदतों के वशीभूत होने से बचना। हर किसी को समय-समय आदतें परेशान करती ही हैं। लेकिन उनके चंगुल से तुरंत बच निकलना चाहिए। क्योंकि एक ढर्रे पर बने रहने का अर्थ है एक ही स्थिति में टिके रहना, जबकि बाकी लोग आपकी बाजू से निकलकर आगे बढ़ जाते हैं और आपको भूल जाते हैं।

अपनी आंखें खुलीं और दिमाग जागृत रखें।

दूसरों की आदतों की नकल करने से बचें। नकल की गई आदतें आपको अपने काम और अपने विचारों से भटकाती हैं और आप अपने मूल स्वरूप में रहने के बजाय डुप्लिकेट बन जाते हैं। रचनात्मक लोग सबसे अलग खड़े रहते हैं। अच्छे निर्णय लेने की आदत डालें और अपने लिए हुए निर्णयों की जिम्मेदारी भी उठाएं। किसी काम को स्वयं आरंभ करने की आदत डालें।

अपनी आंखें खुलीं और दिमाग जागृत रखें।

सोचें। नये विचार एकत्र करें। उनका स्वागत करें। पढ़ें। प्राचीन ज्ञान का लाभ उठाएं। पुराने विचारों की तुलना अपने युग के प्रगतिशील विचारों और अनुभवों से करें। रहस्यों को खोजें। उनमें छिपे हुए सत्य को जानने की कोशिश करें। हर दिन कुछ नया सीखें और आप देखेंगे कि आप अपनी आदतों से छुटकारा पाने के लिए तैयार हो गए हैं।

अपनी आंखें खुलीं और दिमाग जागृत रखें।

जितना संभव हो सके हर दिन अपने काम करने के तरीके को बदलते रहें। सोचें कि पुराने काम को नए तरीके से कैसे किया जा सकता है। दिमाग तब अधिक सक्रियता से कार्य करता है जब किसी काम को करने में उसकी रुचि जागती है। अपने काम से प्यार करें। यदि आपको वर्तमान काम में रुचि नहीं है, तो अपनी पसंद का कोई नया काम खोजें।

अपनी आंखें खुलीं और दिमाग जागृत रखें।

और अपनी मानव मशीन के प्रति दयालु बनें। इसे आराम दें। कभी-कभी नए वातावरण में जाना भी अच्छा होता है, नए चेहरे देखें और नए दृश्य

देखें। ऐसे लोगों से मिलें जो साहसी हैं और चुनौतियों को स्वीकार करते हैं, उनके साथ प्रसन्न रहना सीखें। मुस्कुराने वालों के साथ दोस्ती करें, भौहें चढ़ाने वालों से दूर रहें। अब, इस छोटी-सी बात को दोबारा पढ़ें और तय करें कि अब आप अपनी आदतों से पीछा छुड़ाएंगे।

***

कभी भी गति को कार्रवाई यानि एक्शन समझने की भूल न करें।
-अर्नेस्ट हेमिंग्वे, 1899-1961

टीम वर्क से शक्ति पैदा होती है, लेकिन यह शक्ति अस्थायी है या स्थायी यह उस उद्देश्य पर निर्भर करता है जिसने लोगों से सहयोग लेने को प्रेरित किया है। यदि उद्देश्य लोगों को स्वेच्छा से सहयोग करने के लिए प्रेरित करता है, तो इस प्रकार के टीमवर्क से उत्पन्न शक्ति तब तक बनी रहेगी जब तक लोगों में सहयोग की इच्छा बनी रहेगी। यदि मकसद ऐसा है जो लोगों को डर या किसी अन्य नकारात्मक कारण से सहयोग करने के लिए मजबूर करता है, तो इससे मिलने वाली शक्ति अस्थायी होगी। प्रबल भौतिक शक्ति व्यक्तियों के मिले-जुले प्रयासों के उत्पन्न की जा सकती है, लेकिन उस शक्ति का टिकाऊपन, उसकी गुणवत्ता, दायरा और शक्ति, उस अमूर्त चीज से प्राप्त होती है जिसे 'भावना' के रूप में जाना जाता है, इसमें लोग एक सामान्य लक्ष्य की प्राप्ति के लिए मिलकर काम करते हैं। जहां टीम वर्क की भावना तत्पर, स्वैच्छिक और स्वतंत्र है, वहां प्रबल और स्थायी शक्ति प्राप्त होती ही है।

-नेपोलियन हिल, 1883-1970

***

साथ-साथ

इस छोटी-सी बातचीत को आगे बढ़ाने के लिए आइए जान लें कि साथ-साथ का क्या अर्थ है। साथ-साथ मतलब है मिलकर कहीं पहुंचना। तो, ऐसा बिल्कुल संभव है। क्योंकि जब लोग एकजुट हो जाते हैं, या लोग अपनी सभी व्यक्तिगत शक्तियों को एकत्रित कर लेते हैं, उद्देश्य आसानी से हासिल हो जाता है।

उद्देश्य तक पहुंचने का अर्थ है साथ-साथ चलना

एक इंसान की विफलता का विश्लेषण करें। इस विश्लेषण से आप जान पाते हैं वह इंसान सर्वथा अव्यस्थित है। उसका मस्तिष्क में विचारों का समन्वय नहीं है। उसकी अधिकांश सूक्ष्म संवेदनाएं स्तब्ध या मृत हो चुकी हैं। अब वह अपनी इच्छा का मालिक नहीं है। वह अपने शरीर में सिर्फ निवासी की तरह रह रहा है और उसे भरपेट खाना भी नहीं मिल रहा है। उसकी मूल शक्ति उसके अधिकारी और सहायक जो एक समय सतर्क, स्वस्थ और काम करने के इच्छुक थे अब सुस्त पड़ चुके हैं और आराम कर रहे हैं। अब हर जगह भ्रम और बर्बादी मची हुई है। अव्यवस्था हावी हो चुकी है। उपाय क्या है? यह है-

उद्देश्य तक पहुंचने का अर्थ है साथ-साथ चलना

यह अद्भुत परिवर्तन तब आता है जब कोई व्यक्ति अपनी सभी शक्तियों को एक साथ लाता है और उन्हें एक समय में एक ही काम करने पर केंद्रित करता है। साथ-साथ का विचार प्रगतिशील विचार है। 'जहां चाह, वहां राह।' लेकिन जब तक इच्छा का प्लान बैक न हो तो उस इच्छा का कोई मतलब नहीं है। योजना, इच्छा-रास्ता। सभी साथ-साथ आ जाएं तो काम पूरा हो जाता है।

उद्देश्य तक पहुंचने का अर्थ है साथ-साथ चलना

जब आप अपने हितों या अपनी शक्तियों को इधर-उधर लगाना शुरू करते हैं, तो आप अपनी पकड़ खोने लगते हैं। जैसे ही आप अपने सभी बल को एकजुट करते हैं, आप अपनी शक्ति को बढ़ा लेते हैं। साथ-साथ योजना के साथ बड़े-बड़े काम किये जाते हैं। बर्ड शॉट यानि छोटे निशाने

से छोटा शिकार हासिल होगा, लेकिन बड़ा शिकार करने के लिए एक राइफल की पूरी गोलियों का उपयोग करना होगा।

उद्देश्य तक पहुंचने का अर्थ है साथ-साथ चलना

प्रतिदिन अपना काम शुरू करने से पहले इस पर विचार करें। इसे अपने कामकाज के लिए लिए एक नियम बना लें। एकजुट हो जाएं और फिर हमेशा साथ-साथ रहें।

***

प्रयास करें क्योंकि इसमें खोने के लिए कुछ नहीं है, और सफल हो जाएं तो बहुत कुछ पाया जा सकता जाता है इसलिए, हर तरह से प्रयास करें!

-नेपोलियन हिल, 1883-1970

कोई भी व्यक्ति जो किसी भी उद्यम या कारोबार में सफल होता है उसे पीछे हटने के अपने तमाम साधनों को नष्ट करने के लिए तैयार रहना चाहिए। उसे पीछे मुड़कर नहीं देखना है। केवल ऐसा करने से ही कोई व्यक्ति अपने मन की उस स्थिति को बनाए रखने रख सकता है जिसे जीतने की तीव्र इच्छा के रूप में जाना जाता है। यही इच्छा सफलता के लिए आवश्यक होती है।

-नेपोलियन हिल, 1883-1970

जीतने की उम्मीद करना या आपके द्वारा निर्धारित प्रत्येक लक्ष्य को पूरा करने की उम्मीद करना बहुत जरूरी है। यदि आप जीतने की उम्मीद करते हैं तो आपके भीतर बाधाओं को दूर करने की इच्छा अधिक प्रबल होगी। विजयी मनोवृत्ति होगी तो आप सफल होने के लिए हर आवश्यक कदम उठाएंगे और आगे बढ़ना मुश्किल होगा तब भी आप हार नहीं मानेंगे।

-डॉन एम. ग्रीन, कार्यकारी निदेशक
नेपोलियन हिल फाउंडेशन

***

जीत

विजय के दस प्रमुख नियमों में से सबसे पहला नियम है-

मुसीबत में भी मजबूत बने रहें!

जो भी काम आप सबसे पहले खोज लें या जो काम आपको खोज ले-उसमें व्यस्त हो जाइए। यदि जरूरत पड़े तो उसमें 'जी-जान' लगा दीजिए। अपना सारा उत्साह इसी में केंद्रित कर दें। काम की हर बारीकी पर गौर करें। इसमें अपनी पूरी रुचि दिखाएं। लेकिन-

मुसीबत में भी मजबूत बने रहें!

जो लोग नीचे की ओर देखते हैं उन्हें कभी भी तारों भरे आसमान की ऊंचाई का अंदाज नहीं मिल पाता। और जो व्यक्ति अपने उद्देश्यों और इरादों को ऊंचा नहीं, वह कभी भी बहुत ऊंचाई हासिल नहीं कर पाता। अपनी आंखें जमीन से हटाएं। भविष्य पर ध्यान लगाएं।

मुसीबत में भी मजबूत बने रहें!

क्योंकि, आखिरकार विजय पहले भीतर होती है, फिर बाहर से हासिल की जाती है। कोई दूसरा व्यक्ति आपके लिए जीतेगा नहीं, जीत भी नहीं सकता। पूरी दुनिया में किसी अन्य व्यक्ति के पास, चाहे वह कितना ही बुलंद क्यों न हो, उसमें वह क्षमता और शक्ति नहीं है जो आपमें केंद्रित है। और शक्ति और क्षमता इंतजार कर रही है कि आप कब सक्रिय होकर इसका उपयोग करें। साथ ही, आपकी सफलता की तुलना किसी और की सफलता से नहीं की जा सकती। लेकिन, आपको अपने उद्देश्य को स्वयं ही ढूंढ़ना होगा और उसे पाने के लिए काम करना होगा। यह काम भी बहुत मजेदार होगा, यदि आप-

मुसीबत में भी मजबूत बने रहें!

विफल होने की तुलना में जीतना आसान है। सभी लोग विजेता के साथ खड़े रहते हैं। लेकिन विफलता अकेले चलती है।

मुसीबत में भी मजबूत बने रहें! यह याद रखें कि जीतने का मतलब है आज अपने काम को अच्छी तरह से करना है। जिस काम में देरी हुई

या जिस काम को टाला गया उसे बरबाद ही समझें। काम तुरंत शुरू करें। कमर कस लें, अपनी नजरें लक्ष्य की ओर लगाएं, मुट्ठियां बांधें, जबड़े भींचे और-

मुसीबत में भी मजबूत बने रहें!

और आप जीत जाएंगे!

***

ऑस्ट्रियाई लोगों को मैं इसलिए पराजित कर पाया क्योंकि उन्हें पांच मिनट की कीमत पता नहीं थी।

-नेपोलियन बोनापार्ट, 1769-1821

आप अनंत काल को नुकसान पहुंचाए बिना समय को नष्ट कर सकते हैं।

-हेनरी डेविड थोरो, 1817-1862

क्या आपको जीवन से प्यार है? तो फिर समय बर्बाद मत करें, क्योंकि जीवन इसी से बना है।

-बेंजामिन फ्रैंकलिन, 1706-1790

सफलता के लिए बहुत अधिक ज्ञान की आवश्यकता नहीं होती है, लेकिन सफल होने के लिए आपके पास जो भी ज्ञान है उसका लगातार उपयोग करना पड़ता है। सफल लोग स्वयं को जानते हैं, वैसा नहीं जैसा वे सोचते हैं कि वे हैं, बल्कि जैसा उनकी आदतों ने उन्हें बनाया है। इसलिए, आपको अपना लेखा-जोखा रखना चाहिए ताकि आप पता लगा सकें कि आप अपने समय का उपयोग कहां और कैसे कर रहे हैं। ये बेहद जरूरी प्रश्न हैं और इन पर गंभीरता से विचार करें-
- आप अपने समय का उपयोग कैसे कर रहे हैं?
- आप इसमें से कितना समय बर्बाद कर रहे हैं, किस तरह बर्बाद कर रहे हैं?
- आप इस बर्बादी को कैसे रोकेंगे?

-नेपोलियन हिल, 1883-1970

***

समय

अपने समय का सदुपयोग करना सीखें।

क्योंकि, यदि आप इसकी परवाह नहीं करते हैं, बाद में यह आपके दुःख और अपने पछतावे की परवाह किए बिना गुजर जाएगा, लौटकर नहीं आएगा। जिस प्रकार यह पृथ्वी अपने पथ पर निरंतर, चुपचाप और सहजता से चलती जा रही है, उसी प्रकार समय भी चलता रहता है। यह आपके बांधने या रोकने से रुकने वाला नहीं। यह कभी, किसी की प्रतीक्षा नहीं करता।

समय प्रयास है, इसका पूरे दिन दोहन किया जाना चाहिए।

समय के पास कोई व्यवसाय नहीं है, यह अकूत धन-संपत्ति का दावा नहीं करता है, इसने अपना काम करने के लिए तेज-तर्रार लड़कों को नहीं रखा है, इसके पास कोई क्लर्क नहीं है, किसी समस्या के बारे में विचार नहीं करता, कोई राज्य नहीं चलाता है। समय ही व्यापार है, पैसा है, कामगार लड़का है, क्लर्क है, समस्या है, राज्य है!

समय ही वह व्यक्ति है जिसे काम पर लगाया जाता है और उससे काम करवाया जाता है।

और आज लाभ कमाने के लिए जिस समय का उपयोग किया जाएगा, वही कल आपके लिए शक्ति का संचय करेगा। यह बात उतनी ही निश्चित है जितना कि समय का बीतना। छोटी-छोटी बातों पर ध्यान न दें। बड़े उद्देश्यों को प्राप्त करने का विचार करें। यह याद रखें-

यह दिन फिर कभी नहीं आएगा!

और मैं एक बार फिर कहना चाहता हूं कि समय जितना बलवान है, दुनिया में बाकी सभी चीजों की तुलना में उतना ही मूल्यवान भी है। अस्तित्व में समय जितना स्वतंत्र कुछ भी नहीं। शायद इसीलिए बहुत से लोग इसे गंभीरता से नहीं लेते और इसके साथ जुड़ पाने में विफल भी रहते हैं? क्या यही कारण है कि बहुत कम लोग इसकी उपस्थिति का एहसास कर पाते हैं और इसे गुजरने देते हैं?

सोचिए! इससे कोई फर्क नहीं पड़ता कि आज आपके पास कौन-सा काम क्या है, अगर वह वास्तव में करने योग्य और महत्त्वपूर्ण है तो इसकी योजना बनाने में समय दें, इसे अच्छी तरह से कार्यान्वित करके पूरा करने के लिए अपना समय दें। यही आपके आज के दिन का सबसे बड़ा उपहार और आपका सबसे बड़ा काम है।

अपने समय का सदुपयोग करना सीखें।

***

अपने जीवन को अपने तरीके से बिता पाना ही एक सफलता है।
-क्रिस्टोफर मॉर्ले, 1890-1957

सफलता केवल भाग्य की बात है। किसी भी विफल व्यक्ति से पूछकर देखें।
-अर्ल विल्सन, 1934-2005

हमेशा ध्यान रखें कि सफलता पाने के लिए किसी भी अन्य बात से अधिक महत्त्वपूर्ण आपका संकल्प है।
-अब्राहम लिंकन, 1809-1865

सफलता उन्हीं को मिलती है और उन्हीं के पास कायम रहती है जो लगातार प्रयास करते रहते हैं।
-नेपोलियन हिल, 1883-1970

बहुत से लोग मानते हैं कि भौतिक सफलता अनुकूल 'ब्रेक' का परिणाम होती है। . . यदि कोई किसी एकमात्र 'ब्रेक' पर भरोसा कर सकता है, तो वे हैं स्व-निर्मित 'ब्रेक'। ये 'ब्रेक' अपने जीवन में दृढ़ता को लागू करने से मिलते हैं। इसका आरंभ उद्देश्य की स्पष्टता और निश्चितता से होता है।
-नेपोलियन हिल, 1883-1970

***

सफलता

सफलता में हार एक घटना मात्र है। लक्ष्य प्राप्ति की राह में बाधाएं, समस्याएं और निराशा-सफलता की पोशाक का ताना-बाना बुनती हैं। क्योंकि सफलता, विफलताओं की एक शृंखला है, यही उड़ान देती हैं।

विफलताओं का सामना करते हुए आगे बढ़ना सीखें।

कुछ साल पहले एक युवक न्यू इंग्लैंड काउंटर के पीछे खड़ा था। वह क्लर्क था। शांत, ईमानदार और वफादार था, फिर भी अपने नियोक्ता की नजर में विफल था। नियोक्ता ने एक दिन लड़के के पिता को सलाह दी कि वह अपने बेटे को वापस ले जाए, क्योंकि वह खेतों में काम करने के ही लायक है, कभी व्यापारी नहीं बन सकता। आज यदि आप स्टेट स्ट्रीट, शिकागो से गुजरेंगे, तो आपको इस युवक का स्मारक दिखाई देगा। यह स्मारक अमेरिकी व्यापारी मार्शल फील्ड की विफलताओं, निराशाओं और फौलादी दृढ़ता को एक श्रद्धांजलि है। मार्शल फील्ड ने विश्व के महानतम उद्यमी के रूप में अंतिम सांस ली। विफलताओं का सामना करते हुए आगे बढ़ना सीखें।

लेकिन, सफलता को मूर्त संपत्ति के रूप में मापा नहीं जा सकता। अब्राहम लिंकन ने विरासत में धन-दौलत नहीं छोड़ी। लेकिन, उनकी सफलता एक चमत्कार है और युगों-युगों तक प्रेरणा बनी रहेगी।

विफलताओं का सामना करते हुए आगे बढ़ना सीखें।

सफलता काफी हद तक व्यक्तिगत दृष्टिकोण है। यदि आप सफल होने के लिए दृढ़ संकल्प हैं तो आप हमेशा विफल ही रहेंगे, यह संभव नहीं है। तो फिर, अपने जीवन के प्रत्येक नए दिन को अपना स्वयं का चालान काटने दें। इसे विफलताओं को सफलताओं को जमा करने दें, सबकुछ दर्ज करने दें। लेकिन, अपने दिमाग की छवि से अपनी चेतना के अंदर कुछ भी न आने दें। वास्तविक सफलता बार-बार मिलने वाली अस्थायी विफलताओं को भूलने में निहित है। इस सफलता को आप अपने कर्मों से स्थायी रूप से हासिल कर सकते हैं।

विफलताओं का सामना करते हुए आगे बढ़ना सीखें।

***

जहाज बंदरगाह पर पूरी तरह से सुरक्षित रहता है, लेकिन जहाजों का उद्देश्य बंदरगाहों पर खड़े रहना नहीं है।

-जॉन ए. शेड, 1859-1928

अनिर्णय, संदेह और भय-इन तीन शत्रुओं को भगाना होगा।

डर मन की स्थिति से ज्यादा कुछ नहीं है, मन की स्थिति को सही दिशा दी जा सकती है, नियंत्रण में रखा जा सकता है।

मनुष्य अपनी कल्पना या प्रेरणा में किसी बात को साकार किए बिना उसे मूर्त रूप नहीं दे सकता।

प्रकृति ने मनुष्य को केवल एक ही बात पर पूर्ण नियंत्रण प्रदान किया है, और वह है उसके विचार।

-नेपोलियन हिल, 1883-1970

***

दुःसाहस

निर्णय से अमरता आती है-दुःस्साहसी निर्णय से।

दुःस्साहस करें।

पूरी दुनिया साहसी व्यक्ति को चाहती है। ऐसा व्यक्ति जो लागत का अनुमान लगाने के लिए एक सप्ताह का इंतजार किए बिना कोई उद्यम शुरू करने को तैयार रहता है। और, इसके लिए हमेशा साहस जरूरी है। कभी-कभी साहस 'ब्लड और आयरन' (बल पर निर्भरता और उसका प्रयोग) का मिश्रण होता है। लेकिन दुःसाहसी व्यक्ति हमेशा इतिहास रचता है।

दुःस्साहसी बनें।

गलतियां करना बेहतर है। प्रगति करने के लिए विफलता से डरने या संकोच करने, ढुलमुल रवैया अपनाने से बेहतर है कुछ गलतियां करना। साहसी और कर्मवीर बनें और आपके भीतर छिपी शक्तियां आपकी सहायता के लिए उठेंगी और आपको आगे बढ़ाएंगी।

दुःस्साहसी बनें।

जब तक आप कुछ करने का साहस नहीं करेंगे, तब तक आप कभी कुछ बन भी नहीं पाएंगे।

दुःस्साहसी बनें।

नई बातों को आजमाने का साहस करें। नई नौकरियां आजमाने का साहस करें। यदि आवश्यक हो तो उदाहरणों को दरकिनार करते हुए आगे बढ़ने का साहस करें, और फिर आपके पास समाप्त हो चुकी आशाओं और खत्म हो चुके सपनों को अपने रास्ते से हटाने का समय नहीं होगा। अपने वर्तमान कार्य में उस व्यक्ति से बेहतर इंसान बनने का साहस करें जो आपसे पहले इस काम को कर रहा था। अपने से ऊपर के पद पर बैठे, वरिष्ठ व्यक्ति से बड़ा बनने की कोशिश करें। लेकिन, यदि आपको यह सबकुछ करना है, तो सबसे पहले-

दुःस्साहसी बनें।

***

हमारे शंकाएं ही हमारे साथ गद्दारी करती हैं, और फिर हम अक्सर करने का साहस न करके प्रयास सबकुछ खो बैठते हैं, जिन्हें आमतौर पर जीत सकते हैं।

-विलियम शेक्सपियर, 1564-1616

संदेह करने वाले निर्माता नहीं होते हैं! यदि कोलंबस में आत्मविश्वास और अपने फैसले पर भरोसा नहीं होता, तो इस धरती पर सबसे समृद्ध और सबसे शानदार जगह कभी नहीं खोजी गई होती, और ये पंक्तियां भी कभी लिखी नहीं जातीं। यदि 1776 के ऐतिहासिक ख्याति प्राप्त जॉर्ज वाशिंगटन और उनके हमवतन लोगों में आत्मविश्वास नहीं होता, तो कॉर्नवालिस की सेनाओं ने विजय प्राप्त कर ली होती और आज संयुक्त राज्य अमेरिका पर पूर्व में तीन हजार मील दूर स्थित एक छोटे से द्वीप से शासन किया जा रहा होता।

-नेपोलियन हिल, 1883-1970

***

रीढ़ यानि स्वाभिमान

रीढ़ दो प्रकार की होती है। एक प्रकार में पीठ तो होती है लेकिन हड्डियां नहीं होतीं, दूसरे प्रकार में पीठ भी होती है और हड्डियां भी होती हैं। रीढ़ की हड्डी! इस नाम में ही कितने गुण छिपे हुए हैं। रीढ़ की हड्डी होना यानि स्वाभिमानी होना।

अपनी रीढ़ मजबूत रखें।

बड़ा मस्तिष्क, उर्वर कल्पनाशक्ति, भव्य आदर्श होना बहुत अच्छी बात है, लेकिन इन सब के साथ जिस व्यक्ति के पास अच्छी रीढ़ नहीं है, वह निश्चित रूप से कोई उपयोगी अंत हासिल नहीं कर पाएगा।

अपनी रीढ़ मजबूत रखें।

अच्छा दिमाग, उर्वर कल्पनाशक्ति, बड़े-बड़े आदर्श होना बहुत अच्छी बात है, लेकिन इन सब के साथ जिस व्यक्ति की रीढ़ मजबूत नहीं है, यानि अगर उसमें स्वाभिमान नहीं है, तो निश्चित रूप से वह अपने जीवन में सफल नहीं हो पाएगा।

अपनी रीढ़ मजबूत रखें।

एक खास तरह की छोटी-सी लता होती है, जो बड़े पेड़ों का आधार लेकर बढ़ती है और जीवित रहती है। यह तब तक उस पेड़ से चिपकी रहती है, जब तक कि वह उसका सारा रस निचोड़कर उसे नष्ट न कर दे। इस लता में रीढ़ नहीं होती है। इसमें अपनी कोई ताकत नहीं होती है, इसलिए इसे जहां शक्ति, क्षमता और जीवन दिखाई देता है, वहां हमला करती है उस जीवन को नष्ट कर देना चाहती है। रीढ़विहीन यानि बेगैरत लोग यही करते हैं।

अपनी रीढ़ मजबूत रखें।

अपनी रीढ़, अपने स्वाभिमान का उपयोग अपने बल पर खड़े रहने के लिए करें। अपने व्यक्तिगत संसाधनों को बढ़ाने के लिए इसका उपयोग करें। अपने से कमजोर लोगों को मजबूत बनाने के लिए इसका उपयोग करें। अपने चरित्र का संपूर्ण विकास करने के लिए इसका उपयोग करें। और

फिर आपका काम पूरा हुआ समझें। आपके आसपास मदद के लिए लोग इकट्ठे हो जाएंगे। अनेक अवसर आपके सामने मौजूद होंगे।

अपनी रीढ़ मजबूत रखें।

आज से ही पूरे स्वाभिमान के साथ, अपनी रीढ़ सीधी रखकर अपना काम करें, फिर चाहे आप क्लर्क हैं, कंप्यूटर पर की-बोर्ड पर अपनी उंगलियां चलाने का काम करते हैं, प्लानिंग का काम करते हैं, समस्याओं का समाधान करने के लिए रास्ते सुझाते हैं। सफलता के मंदिर को उन्हीं स्त्री और पुरुषों की मजबूत भुजाओं से संभालकर रखा जा सकता है जिनकी रीढ़ मजबूत है और जो इसका उपयोग करते हैं।

***

सच्चाई यह है कि किसी व्यक्ति को केवल उसके ज्ञान के लिए भुगतान नहीं किया जाता, बल्कि, खासतौर पर इसलिए किया जाता है कि वह अपने ज्ञान का उपयोग किस तरह करता है और लोगों के ज्ञान का उपयोग किस तरह से कर सकता है।

-नेपोलियन हिल, 1883-1970

मैंने अनुभव किया है कि कॉलेज से प्रशिक्षण प्राप्त करके निकले लोग, जिनकी आदत अपने वेतन से अधिक काम करने की होती है, उन्हें इन दोनों बातों का बहुत लाभ होता है और ऐसे लोग उन लोगों की तुलना में बहुत तेजी से आगे बढ़ते हैं जो भुगतान से अधिक काम तो करते हैं, लेकिन उनके पास कॉलेज का प्रशिक्षण नहीं होता है। इस अनुभव से मैं इस निष्कर्ष पर पहुंचा हूं कि व्यक्ति को कॉलेज के प्रशिक्षण से विचारों का एक विशेष प्रकार का अनुशासन मिलता है जो बिना प्रशिक्षण वाले लोगों में आमतौर पर नहीं होता है।

-नेपोलियन हिल, 1883-1970

यदि आप राल्फ वाल्डो इमर्सन की थ्योरी ऑफ कंपेन्सेशन(मुआवजे के सिद्धांत) को पढ़ते हैं, तो भुगतान के विषय को सही परिप्रेक्ष्य में समझना आसान होगा।

-डॉन एम. ग्रीन, कार्यकारी निदेशक
नेपोलियन हिल फाउंडेशन

***

भुगतान

इमर्सन का कहना है, 'पृथ्वी पर सबसे मजबूत आदमी वह है जो नितांत अकेला है।' देनदार बन जाएं-कर्ज में डूब जाएं तो आप लोगों के सहारे जीवित रहेंगे जिसे अन्य लोगों ने अपने दिमाग और पसीने की कीमत चुकाकर तैयार किया है। तब आप अपने बल पर नहीं, दूसरों के सहारे खड़े होंगे। आप अपनी ताकत का झूठा दिखावा करेंगे।

कर्ज से बचें। भुगतान करें।

ऋण लेने का अर्थ है किसी दूसरे का अधीन होना। इसका मतलब यह है कि आप वह हिस्सा छोड़ देते हैं, जो वास्तव में आपका हो सकता है। इसका मतलब है कि आप अपना एक हिस्सा एक निश्चित राशि पर बिक्री के लिए पेश कर देते हैं। जब आप पर किसी का पैसा बकाया होता है तो आप गुलाम बन जाते हैं। दूसरा व्यक्ति आपको शाब्दिक बंधनों में जकड़ लेता है।

कर्ज से बचें। भुगतान करें।

ग्लैमर, चिकनी-चुपड़ी बातों, वाहवाही और अपने स्वार्थ की संतुष्टि से दूर रहकर खुश रहना बेहतर है, बजाय इसके कि एक ऐसा कुत्ता बन जाएं जो अपने मालिक की सीटी का आदेश सुनने को बाध्य हो।

कर्ज से बचें। भुगतान करें।

कर्ज से बचें। भुगतान करें।

उधार मांगना किसी से मित्रता (पृथ्वी पर सबसे मूल्यवान संपत्ति) समाप्त का सबसे अच्छा तरीका है। यदि वह सच्चा मित्र है, तो वह इंकार कर देगा। यदि आप वास्तव में सही व्यक्ति हैं तो आप सबक सीख लेंगे और उसे धन्यवाद देंगे। जो व्यक्ति अपने संसाधनों के भीतर जीने का नियम बना लेता है, वह जल्द ही अपने संसाधनों को बढ़ा भी लेता है। पैसों के लेनदेन के मामलों में एक ही सुरक्षित, पक्का और बुद्धिमान भरा नियम यह है कि यदि आपके पास पैसे हैं, तो सेवाएं लें, अन्यथा सेवाएं न लें।

कर्ज से बचें। भुगतान करें।

तुरंत भुगतान करने की शुरुआत आज से ही करें। क्या आप ऐसा करना शुरू करेंगे? जिस पर किसी का एक भी पैसा बकाया नहीं है, उसकी आजादी और आंतरिक शक्ति से मिलने वाली ऊर्जा और उत्साह का अनुसरण करें।

***

लोगों के बीच बहुत कम अंतर होता है, लेकिन वह थोड़ा-सा अंतर ही बहुत बड़ा अंतर पैदा करता है। यह थोड़ा-सा अंतर दृष्टिकोण का है। बड़ा अंतर यह है कि यह सकारात्मक है या नकारात्मक।

－नेपोलियन हिल, 1883-1970

अपने किए गए कार्यों को परखते समय, गलत राह चुन लेने या फिर हाथ से चूक गए अवसरों का विलाप करने से बचना चाहिए। इसके बजाय, एक अखबार के दिवंगत स्तंभकार आर्थर ब्रिस्बेन द्वारा सुझाए गए इस सकारात्मक दृष्टिकोण को अपनाना चाहिए जिसमें उन्होंने लिखा था, 'बर्बाद हो चुके समय के लिए पछतावा, बचे हुए समय में अच्छे कार्य करने के लिए शक्ति बन सकता है। और यह बचा हुआ समय भी पर्याप्त है अगर हम अब तक हुई समय बर्बादी का पछतावा करने में और समय बर्बाद न करें।' अपनी आदतों को सुधारने और उस समय का सदुपयोग करने में सक्षम होने का रहस्य यह है कि हमारे पास जितना भी समय है, उसे आगे और बर्बाद करने के बजाय दिल और दिमाग से युवा बने रहना है।

－डब्ल्यू. क्लेमेंट स्टोन, 1902-2002

किसी ने बहुत सही कहा है कि पहले हम अपनी आदतें बनाते हैं, फिर वही आदतें हमें बनाती हैं। चाहे वह नियमित रूप से किताब पढ़ने या व्यायाम करने की अच्छी आदत हो, या फिर धूम्रपान करने की बुरी आदत। ये आदतें हमारे जीवन पर जबरदस्त प्रभाव डाल सकती हैं, चाहे वह नकारात्मक हो या सकारात्मक। यह एक विकल्प है जो हममें से हर एक व्यक्ति चुनता है।

－डॉन एम. ग्रीन, कार्यकारी निदेशक
नेपोलियन हिल फाउंडेशन

***

उपयोगी बनें

अगर दुनिया में विशुद्ध भाग्य जैसा कुछ है, या यह वास्तव में कभी हमारे द्वारा किए गए कार्यों को अंतिम रूप देने में कोई भूमिका निभाता है, तो ऐसा तब होता है जब आप अपने जीवन का उद्देश्य पा लेते हैं या आपको ऐसा कोई काम मिल जाता है, जो आप वास्तव में करना चाहते हैं और आपको उसे करते हुए गौरव का अनुभव होता है। तब आप भाग्यशाली माने जाएंगे। और तब आप दुनिया की जरूरत बन जाते हैं।

भीड़ से अलग बनें-उपयोगी बनें

तब तक व्यक्ति की गिनती महत्त्वपूर्ण लोगों में नहीं होती, जब तक वह जिम्मेदारी नहीं उठाता। जिम्मेदारी का अर्थ है दिल और दिमाग से किसी काम को करना। ये दोनों मिलकर काम करते हुए विचारों को जन्म देते हैं। फिर परिणाम दिखने शुरू हो जाते हैं। और परिणाम वास्तव में उपयोगी साबित होते हैं।

भीड़ से अलग बनें-उपयोगी बनें

जो लोग उपयोगी होते हैं उनकी गिनती हमेशा सहयोगियों के रूप में होती है। इसलिए यदि आप उपयोगी साबित होना चाहते हैं, यदि आप चाहते हैं कि आपको महत्त्व दिया जाए और आपके काम की प्रशंसा की जाए, तो विचार करें कि आप कौन-सी सबसे जरूरी सेवा प्रदान कर सकते हैं। फिर उस काम को करने में लग जाएं। आप अपना काम करते हुए, जितना हो सके उतना अच्छा काम करते हुए, निश्चित रूप से लोगों की नजरों में चढ़ जाएंगे।

भीड़ से अलग बनें-उपयोगी बनें

आपमें कुछ खास है, आप महत्त्वपूर्ण हैं, आप एक क्रिएटर हैं, बिल्डर हैं, प्रोड्यूसर हैं-किसी से ये सबकुछ सुनने से अच्छा कुछ भी नहीं। इसके अलावा और कोई बातें आपको प्रेरित और उत्साहित नहीं कर सकतीं। यदि कोई व्यक्ति वास्तव में इस तरह के महत्त्वपूर्ण कार्य करता है तो उसका अपने आपको बधाई देना तो बनता है।

भीड़ से अलग बनें-उपयोगी बनें

लेकिन किसी भी काम के परिणाम से पूरी तरह संतुष्ट होने की मूर्खता कभी न करें। तुलना करने से विकास की गति तेज होती है। जब आप अपना काम कल की तुलना में आज बेहतर तरीके से करते हैं तो आपको अपनी वास्तविक क्षमता का एहसास होता है और पता चलता है कि काम को कल की तुलना में आज बेहतर ढंग से करने की पूर्णता के अलावा कोई वास्तविक पूर्णता नहीं है। इसके लिए प्रयास करें और फिर आपको इस बात की चिंता करने की आवश्यकता नहीं है कि आपके काम को अहमियत दी जाएगी या नहीं। आपके काम को गिना जाएगा।

***

अपने आप से यह सवाल पूछें, 'क्या मैं सफल हूं या विफल?' यदि आप विफल हैं, तो कोई भी जवाब-तलब नतीजे को नहीं बदलेगा, क्योंकि विफलता को दुनिया कभी माफ नहीं करती। दुनिया सफलताएं चाहती है, वह सफलताओं की पूजा करती है, लेकिन विफलताओं पर विचार करने के लिए दुनिया के पास समय नहीं है। अपनी विफलता को दूर करने का एकमात्र तरीका है स्व-अनुशासन। इसके माध्यम से अपनी कठिनाइयों को दूर करना है, ताकि व्यक्ति के जीवन की परिस्थितियां उसे सफलता की ओर ले जाएं।

वह दिन किसी व्यक्ति के जीवन का एक महत्त्वपूर्ण दिन होता है जब वह शांति बैठकर अपने दिल से बात करता है, क्योंकि अपने आपसे बात करने से निश्चित रूप से अपने बारे में ऐसी खोज कर पाएगा जो उसके लिए मददगार होंगी, हालांकि उसकी खोजें उसे परेशान भी कर सकती हैं। केवल इच्छा करने, उम्मीद करने या दिवास्वप्न देखने से कभी कुछ हासिल नहीं होता। गंभीर आत्म-विश्लेषण व्यक्ति को इनसे ऊपर उठने में मदद करता है। किसी को भी मेहनत किए बिना कुछ नहीं मिल सकता, हालांकि कई लोगों ने ऐसा करने की कोशिश की है। हर मूल्यवान चीज की एक निश्चित कीमत होती है, और वह कीमत चुकानी ही पड़ती है। जीवन की परिस्थितियां ऐसा करना जरूरी बना देती हैं।

–नेपोलियन हिल, 1883-1970

हम जीवन में जो चाहते हैं उसे प्राप्त किया जा सकता है, बशर्ते हम उसकी कीमत चुकाने को तैयार हों। चाहे वह वजन घटाना-बढ़ाना हो, वित्तीय सुरक्षा हो या कोई अन्य कोई उपलब्धि हो जिस तक हम पहुंचना चाहते हैं। यह तभी पूरा होगा जब हम इसकी कीमत अदा करेंगे। यदि हम अपने समय और प्रयासों के लायक उद्देश्यों को पाना चाहते हैं, तो हमारे जीवन में अनुशासन बहुत महत्त्वपूर्ण है। लेकिन कीमत चुकाए बिना आप जो चाहते हैं उसे पाने की उम्मीद न करें। यह एक बहुत ही सरल लेकिन महत्त्वपूर्ण सबक है।

–डॉन एम. ग्रीन, कार्यकारी निदेशक
नेपोलियन हिल फाउंडेशन

***

क्यों

कुछ भी करने से पहले से पूछें -क्यों?

दुनिया की अधिकांश ऊर्जा बिना सोचे-समझे, हड़बड़ी में किए गए कार्यों के परिणामस्वरूप नष्ट हो जाती है। बिना किसी उद्देश्य के, बिना किसी कारण किसी काम में जुट जाना, यह पूछे बिना कि यह काम आखिर क्यों किया जाना है।

कुछ भी करने से पहले से पूछें -क्यों?

क्यों को अपना नेतृत्व करने दें, ताकि आपकी ऊर्जा बचाई जा सके। बस इस क्यों के मौन प्रश्नों का तत्परता से उत्तर दें। आपके अंत:करण को उस काम को करने का एक ठोस कारण बताएं।

कुछ भी करने से पहले से पूछें -क्यों?

अपने आप से पूछें, 'मुझे यह काम क्यों करना चाहिए? मुझे इसे करने से इंकार क्यों करना चाहिए?' अपने कार्यों को क्यों के टेस्ट में रखें। उस खुशियों की दौलत के बारे में सोचें जो क्यों का लगातार उपयोग करते रहने से आपको मिल सकती है!

कुछ भी करने से पहले से पूछें-क्यों?

क्यों को नितांत व्यक्तिगत बनाएं। 'मैं इतना समय क्यों बर्बाद करूं? मुझे जीवन का जो अवसर मिला है, मैं उसकी इतनी कम सराहना क्यों करता हूं? मैं अपनी दिमाग का इतना कम उपयोग क्यों करता हूं? मैं और अधिक मित्र क्यों नहीं बनाता? मैं उन बातों के बारे में चिंता क्यों करता हूं जो कभी घटित नहीं होतीं? मैं तब भी अपने आपको क्यों फटकारता हूं, जब मुझे अपनी जयजयकार करनी चाहिए?' क्यों?

कुछ भी करने से पहले से पूछें -क्यों?

अपने घर के बारे में भी क्यों-पूछने में व्यस्त रहें। हर रात को दिन भर किए गए कामों और मन में आए विचारों को इकट्ठा करके क्यों की कसौटी पर परखें।

कुछ भी करने से पहले से पूछें -क्यों?

पछतावे वाले 'क्यों' को दूर हटा दें। हर घंटे अपने निर्णयों पर विचार करें। धैर्य और आजादी के साथ प्रश्न पूछें और उत्तर दें-बिना डरे ईमानदारी से।

***

कैथोलिक यूनिवर्सिटी के पूर्व स्पीच प्रोफेसर और अब यूएस चेंबर ऑफ कॉमर्स के सलाहकार आर्क लस्टबर्ग कहते हैं, प्रभावी पब्लिक कम्युनिकेशन की एक कुंजी है 'ओपन फेस' (सहज अभिव्यक्ति) बनाए रखना है।

अपनी पुस्तक विनिंग व्हेन इट रियली काउंट्स में लस्टबर्ग बताते हैं कि चेहरे की तीन संभावित स्थितियां हैं: क्लोज्ड फेस(तनावपूर्ण चेहरा) न्यूट्रल फेस (तटस्थ चेहरा) और ओपन फेस(सहज अभिव्यक्ति)।

दर्शकों के सामने आप जो चेहरा पेश करते हैं, वह आपके संदेश पर बड़ा प्रभाव डाल सकता है। श्रोता सहज रूप से यह मान लेते हैं, 'आप किसी व्यक्ति के चेहरे के हाव-भाव से बहुत कुछ जान सकते हैं कि उसके दिमाग में क्या चल रहा है।'

तनावपूर्ण चेहरा भौंहों के बीच एक खड़ी रेखा यानि भ्रुकुटियां चढ़ाने से बनता है। आप ऐसा तब करते हैं जब आप अपनी आंखों को सिकोड़ते हैं और भौंहों की मांसपेशियों को कसते हैं।

जब आप सोच-विचार करते हैं, जब आप चिंतित होते हैं, जब आप क्रोधित होते हैं तो चेहरे पर तनाव, नाराजगी दिखने लगती है। लस्टबर्ग कहते हैं, 'दर्शकों के लिए यह एक भयानक अभिव्यक्ति है।'

तटस्थ चेहरे में कोई जान नहीं दिखती। इसमें मुंह के अलावा कुछ भी नहीं हिलता। टेलीविजन न्यूजकास्टर्स के बीच यह लुक आम है। तटस्थ चेहरा नीरस और अभिव्यक्तिहीन होता है, फिर भी, यह वह अभिव्यक्ति है जिसका उपयोग अधिकांश लोग सार्वजनिक भाषण में करते हैं।

ओपन फेस में आपकी भौंहें ऊंची होती हैं और आपके माथे पर आड़ी रेखाएं दिखाई देती हैं। लस्टबर्ग बताते हैं कि जब लोग बनावटी बातचीत कर रहे होते हैं, किसी बच्चे से बात कर रहे होते हैं, बिल्ली के बच्चे या कुत्ते के पिल्ले के साथ खेल रहे होते हैं या कोई पसंदीदा कहानी सुना रहे होते हैं तो उनके चेहरे इस तरह के होते हैं।

–नेपोलियन हिल, *1883-1970*

***

चेहरे

प्रकृति की तमाम कृतियों में सबसे अद्भुत मानव चेहरा है। कितनी विचित्र बात है कि मानव अस्तित्व की शुरुआत से लेकर अब तक बने सभी अरबों चेहरों में से कोई भी दो चेहरे कभी भी एक जैसे नहीं रहे हैं। यह भी अजीब बात है कि कोई भी व्यक्ति लंबे समय तक एक जैसा नहीं रहता!

चेहरा व्यक्ति के चरित्र के रहस्य खोलता है। जिस तरह दिमाग के आदेशों द्वारा निर्देशित हाथ साफ-सफाई करते हैं, शानदार शहरों का निर्माण करते हैं, और चट्टानों से सजीव आकृतियां बना लेते हैं, ये मनुष्य की उपलब्धियों की कहानी कहते हैं, वैसे ही मनुष्य के मस्तिष्क और विचार भी बनते-बिगड़ते हैं और प्रतिदिन उसके आदर्शों और उद्देश्यों की गुप्त कार्यप्रणाली को चेहरे की सतह और रेखाओं में दिखाई देते हैं।

अपने चेहरे को कुछ विशेष बनाएं।

अपने चेहरे को विशिष्ट बनाने का एकमात्र तरीका है अपने चरित्र को विशेष बनाना।

चेहरा कभी झूठ नहीं बोलता। चाहे कॉमेडी पिक्चर हो, कॉमेडी ऑफ एरर्स हो, शेक्सपियर की ट्रेजेडी हो, शक्ति का तराशा हुआ टुकड़ा हो या ईश्वर के भग्नावशेष हों, सभी सत्य उजागर करते हैं। यदि आप अपने मित्र को जान-पहचानते हैं, तो उसके चेहरे के इतिहास का अध्ययन करें।

अपने चेहरे को कुछ विशेष बनाएं।

यदि किसी ने अब्राहम लिंकन के बारे में दुर्भावनापूर्ण कहानियां लिखकर लाइब्रेरियां भर दी होतीं, तो किसी ने उन पर ध्यान नहीं दिया होता। क्योंकि उनके अद्भुत चेहरे ने उन कहानियों को खारिज कर दिया होता। कोई व्यक्ति कैसा है, यह जानने के लिए उसके चेहरे का अध्ययन करें। व्यक्ति का चेहरा बोलता है। पोप ने कहा कि मानव जाति का सही अध्ययन मनुष्य ही करता है। लेकिन किसी व्यक्ति का अध्ययन करने का सही तरीका उसके चेहरे का अध्ययन करना है। अपने चेहरे को टालने की मूर्खता कभी न करें। आप ऐसा नहीं कर पाएंगे। बेहतर होगा कि आप इसके साथ

अधिक से अधिक जुड़ना शुरू करें। यह आपकी सबसे बड़ी संपत्ति है, क्योंकि कोई भी व्यक्ति इसे आपसे नहीं छीन सकता। इस बात को अभी स्वीकार करें और फिर आपके लिए हर दिन का सबसे महत्त्वपूर्ण काम है- अपने चेहरे को कुछ विशेष बनाएं।

***

महान व्यक्तियों ने जिन ऊंचाइयों को छुआ और उन्हें बरकरार रखा, वे अचानक उड़ान से हासिल नहीं हुईं। जब उनके साथी रात में आराम कर रहे थे, तब ये लोग परिश्रम कर रहे थे।

–हेनरी वड्सवर्थ लॉन्गफेलो, 1807–1882

एमर्सन ने कहा, 'अपना काम करते और तुम्हारे पास शक्ति होगी।' इससे अधिक सच्चा विचार भला और क्या हो सकता है। इसके अलावा, यह व्यक्ति के हर उद्देश्य और हर मानवीय रिश्ते पर लागू होता है। जो लोग सत्ता हासिल करते हैं और सत्ता पर काबिज होते हैं, वे खुद को दूसरों के लिए उपयोगी बनाकर ऐसा करते हैं। सिफारिश के माध्यम से अच्छी नौकरियां हासिल करने की बातें बकवास हैं। कोई व्यक्ति सिफारिश से एक अच्छी नौकरी प्राप्त भी कर ले तो उसे नौकरी में बने रहने के लिए प्रयास करने होंगे। मेरी इस बात पर आप विश्वास करें। वह अपनी नौकरी में जितना अधिक परिश्रम करेगा, वह उतना ही ऊंचा उठेगा।

–नेपोलियन हिल, 1883–1970

***

जिम्मेदारी

अंसलुस डी इंसुलिस नाम के एक महान व्यक्ति ने ये अद्भुत शब्द लिखे, 'इस तरह सीखिए जैसे आपको हमेशा यहां रहना है, इस तरह से जीयें मानो कल ही मरना है।'

सबसे पहले अपने प्रति जिम्मेदार बनें।

जिम्मेदारी से कोई नहीं बच सकता, हर किसी को इसका सामना करना ही पड़ता है। इसकी शुरुआत पालने में पल रहे बच्चे से होती है। यह कभी समाप्त नहीं होती! मनुष्य की जिम्मेदारी तो उसका शरीर समाप्त होने के बाद भी बनी रहती है। कोई व्यक्ति बहुत बड़ा काम करता है और वह छपे हुए पन्नों में अंकित हो जाता है और जब तक संसार में जीवन है तब तक इन शब्दों का प्रभाव बना रहता है।

सबसे पहले अपने प्रति जिम्मेदार बनें।

व्यक्तिगत जिम्मेदारी मनुष्य को बनाती है। इसके बिना मनुष्य, मनुष्य नहीं रहता है। ध्यान रखें, आपको अपने नियोक्ता, अपने मित्र या अपने घर-परिवार के प्रति जिम्मेदारी का एहसास होना चाहिए, आपकी पहली जिम्मेदारी आपके प्रति है। और यदि आप स्वयं के प्रति कमजोर और झूठे हैं, यदि आप उन कामों को करते हुए डगमगाते हैं जो आपके जीवन और सफलता के लिए मायने रखती हैं, तो समझिए कि आप पहले ही विफल हैं।

सबसे पहले अपने प्रति जिम्मेदार बनें।

फिर, अपनी जिम्मेदारी महसूस करें। जो व्यक्ति यह मानता है कि कुछ चीजें अकेले उस पर निर्भर हैं, तो वह बेकार नहीं है।

आप इस छोटे-से उपदेश को आत्मसात कर लें। बड़े कामों को निडर होकर आजमाएं। अपने आप को यह आश्वासन दें कि आप योग्य हैं और इसे साबित कर सकते हैं। और तब ही बड़े काम आपका ख्याल रखेंगे और आपको अहमियत और समृद्धि के रास्ते पर ले जाएंगे। जिम्मेदारी लेने का साहस किसी उपहार से कम नहीं, जिम्मेदारी उठाएं, उसे अच्छे से निभाएं, लेकिन, याद रखें-

सबसे पहले अपने प्रति जिम्मेदार बनें।

***

सच्ची खुशी खुद को किसी उद्देश्य के लिए झोंक देने से मिलती है।
—विलियम काउपर, 1731-1800

किसी व्यक्ति को वास्तविक प्रसन्नता और मन की शांति अपनी सभी प्रकार की दौलत को लोगों के साथ साझा करने से मिलती है। व्यावसायिक संबंधों को खरीदार और विक्रेता के बीच प्रेम का रिश्ता नहीं कहा जा सकता लेकिन, फिर भी जब इनमें से किसी रिश्ते में अपने साथियों की सेवा करने का विचार आता है, तो कुछ ऐसा शामिल हो जाता है, जो दोनों पक्षों के लिए लाभदायक होता है। हेनरी फोर्ड ने कहा, 'हमारी असेंबली लाइनों से निकलने वाली हर ऑटोमोबाइल में मेरा थोड़ा-सा हिस्सा चला जाता है, और मैं, हमारे द्वारा बेचे जाने वाले प्रत्येक ऑटोमोबाइल के बारे में सोचता हूं तो इससे होने वाले लाभ के बारे में नहीं, बल्कि उस उपयोगी सेवा के बारे में जो यह खरीदार को प्रदान कर सकता है।' थॉमस ए.एडिसन ने कहा, 'मैंने कभी कोई ऐसा आविष्कार नहीं किया जिसके बारे में मैंने नहीं सोचा था कि इससे दूसरों को क्या सेवा मिलेगी।'
—नेपोलियन हिल, 1883-1970

***

प्रसन्नता

प्रसन्नता वह तत्व है जो दूसरे की मदद से जागती है। साथ ही, प्रसन्नता बाहरी लोगों के साथ तालमेल बिठाने से मिलती है। प्रकृति में अप्रसन्नता कहीं नहीं है।

मदद का हाथ बढ़ाएं। प्रसन्नता को एक आदत बनाएं।

जो लोग प्रसन्न हैं वे ही लोग सफल हैं। सफलता केवल धन-दौलत हासिल करने में नहीं है, बल्कि संतोष, लक्ष्यों को प्राप्त करने और प्रयास को पूरा करने में भी है। जीतने के लिए प्रसन्न रहें। और प्रसन्न रहने के लिए कुछ सार्थक करें।

मदद का हाथ बढ़ाएं। प्रसन्नता को एक आदत बनाएं।

प्रसन्नता से स्वास्थ्य बनता है। स्वास्थ्य क्षमता के लिए जमीन तैयार करता है और खुशहाल फसल के लिए मिट्टी तैयार करता है।

मदद का हाथ बढ़ाएं। प्रसन्नता को एक आदत बनाएं।

प्रसन्नता खरीदी नहीं जा सकती। इसका मूल्यांकन एक सबसे कीमती चीज के रूप में होता है, लेकिन यह मुफ्त में भी मिलती है। यह सभी के लिए उपलब्ध है, लेकिन इसे पाने के लिए प्रयास अवश्य करना होगा। और जब आपको यह मिल जाए और यदि आप इसे अपने पास रखना चाहते हैं, तो इसे लोगों में बांट दें।

मदद का हाथ बढ़ाएं। प्रसन्नता को एक आदत बनाएं।

प्रसन्नता का मतलब हर समय बेहतर चीजों की तलाश करके अपनी प्रगति से संतुष्ट रहना, इस बात पर खुश होना कि आप जीवित हैं, ईश्वर को धन्यवाद देना कि आपको जीने का मौका मिला है, यह विश्वास करना कि आपके पास कुछ ऐसा है जो पूरी दुनिया में किसी और के पास नहीं हैं, और यह संकल्प करना कि आप इस दुनिया को कुछ समय के लिए ही सही, रहने के लिए एक अद्भुत जगह बनाने जा रहे हैं। प्रसन्नता का मतलब ऐसी बातें आपके पास होना है, जिसे और लोग पाना चाहते हैं और दूसरों को देना भी चाहते हैं।

मदद का हाथ बढ़ाएं। प्रसन्नता को एक आदत बनाएं।

***

अपने व्यवसाय को काबू में रखें, अन्यथा यह आप पर काबू पा लेगा।

-बेंजामिन फ्रैंकलिन, 1706-1790

जितने काम के लिए आपको भुगतान किया जाता है उससे अधिक और बेहतर सेवा प्रदान करके, आप लॉ ऑफ इन्क्रीजिंग रिटर्न्स का लाभ उठाते हैं जिसके कारण आपको अंततः, किसी न किसी तरह से, आपके द्वारा की गई सेवा से अधिक का भुगतान मिल जाता है।

-नेपोलियन हिल, 1883-1970

दूसरों से बेहतर सेवा देना आपको अपने क्षेत्र में आगे बढ़ाएगा। इसके परिणाम एक दिन, एक सप्ताह या एक महीने के बाद नहीं, लेकिन बेहतर सेवा देने के लाभ आपको समय के साथ निश्चित ही मिलते हैं। इससे फर्क नहीं पड़ता कि आप कौन-सा काम कर रहे हैं, आप चाहे वेटर हों या बैंकर-आपके प्रयास लंबे समय तक बेकार नहीं रहेंगे। लॉ ऑफ कंपेनसेशन भी उतना ही स्वाभाविक और भरोसेमंद है, जितना गुरुत्वाकर्षण का नियम।

-डॉन एम. ग्रीन, कार्यकारी निदेशक
नेपोलियन हिल फाउंडेशन

***

सेवा

सेवा करने का अर्थ है करने के लिए कुछ खोजना-और फिर उसे करना। यह कुछ जब तक कोई उपयोगी उद्देश्य देता है, तब तक फर्क नहीं पड़ता कि क्या है।

अपने काम का सम्मान करें।

अब तक का सबसे महान पुरुष या स्त्री की हैसियत आखिरकार किसी सेवक से अधिक नहीं थी। किसी न किसी तरह से। यह संसार सेवकों का संसार है। आप एक सेवक हैं, जिसकी आप सेवा करते हैं वह भी एक सेवक ही है।

अपने काम का सम्मान करें।

व्यक्ति यदि अपनी पूरी क्षमता के साथ सेवा करता है तो वह किसी भी महान व्यक्ति से कम नहीं है। सेवा करना ही प्रगति करना है। और विकास केवल क्षमतावान लोग ही करते हैं। आप आज अपना सर्वश्रेष्ठ देकर अपने कल को बेहतर बनाएंगे। सेवा की कोई सीमा नहीं होती है।

अपने काम का सम्मान करें।

कोई भी व्यवसाय सेवा से अधिक गरिमापूर्ण नहीं है। खुशी और शक्ति से बड़ा पुरस्कार कुछ भी नहीं है। वही व्यक्ति ऊंचाइयों को हासिल कर पाता है, जो दूसरे को ऊपर चढ़ने में मदद करता है।

अपने काम का सम्मान करें।

इस दुनिया का सबसे सच्चा तथ्य यह है कि जितना अधिक आप किसी और के लिए करते हैं, उतना ही अधिक आप अपनी प्रगति को बढ़ावा देते हैं, आपका अपना व्यक्तिगत प्रभाव और चरित्र उतना ही मजबूत होता है। आप आज ही इसे आजमाकर देख लें। इसे अपने घर, ऑफिस, अपने सत्ता प्रतिष्ठान में या नितांत मामूली परिस्थितियों के बीच इसे आजमाएं। सच्चे सेवक बनें। सेवा करें। और सेवा करके प्रसन्नता महसूस करें।

अपने काम का सम्मान करें।

और, ऐसा करके आप एक प्रेरणादायक व्यक्तित्व बनें।

***

विचार ही एकमात्र ऐसी संपत्ति है जिसकी कोई तय कीमत नहीं होती है। सभी उपलब्धियां विचारों के रूप में शुरू होती हैं। सफलता के पाठ्यक्रम का विज्ञान आपके दिमाग में विचारों के प्रवाह को प्रेरित करने के लिए डिजाइन किया गया है। इसका उद्देश्य आपको अपने दूसरे स्व से परिचय कराना है, वह स्व जिसकी दृष्टि में आपकी सहज आध्यात्मिक शक्तियां हैं। वह स्व जिसे विफलता स्वीकार नहीं, वह आपके दृढ़ संकल्प को जगाएगा ताकि आप आगे बढ़कर उस पर अपना दावा ठोक सकें, जो वास्तव में आपका है।

विचार हमारे सौभाग्य की नींव रखते हैं और सभी आविष्कारों का प्रारंभिक बिंदु बनते हैं। विचारों ने हमारे आसपास के वातावरण पर कब्जा कर लिया है। उद्देश्य निश्चित न हो तो कोई भी विचार आगे नहीं बढ़ सकता। इसलिए, यह सिद्धांत व्यक्तिगत उपलब्धि के दर्शन में सर्वोच्च स्थान रखता है।

–नेपोलियन हिल, 1883-1970

लेखक ओरिसन स्वेट मार्डेन ने लिखा है कि धरती पर महल बनाने से पहले हमें हवा में महल बनाने होंगे। नेपोलियन हिल ने लिखा था कि विचार ही सबकुछ हैं। उन्होंने मार्डेन की बात को ही आगे बढ़ाया था, यानि हर उद्देश्य हमारी विचार प्रक्रिया से शुरू होता है।

–डॉन एम. ग्रीन, कार्यकारी निदेशक
नेपोलियन हिल फाउंडेशन

***

कल्पना

अब तक दुनिया के कर्ता-धर्ताओं के पास जो संपत्ति रही है वह उनकी कल्पनाशक्ति ही है। धन-दौलत, पद और प्रतिष्ठा जैसी संपत्तियां इस अद्भुत उपहार के सामने कुछ नहीं है। अधिकांश मामलों में कल्पना ने ही इन सबका निर्माण किया है।

अपनी कल्पना शक्ति विकसित करें।

लोग वही काम करते हैं जिसे वे पहली बार अपनी कल्पना में होता हुआ देखते हैं। मैकाडू ने अपने दिमाग की आंखों से रोजाना हजारों लोगों को हडसन नदी के नीचे तेजी से चलने वाली कारें ले जाते हुए देखा। बेशक, लोग उन पर हंसे और उनके सपने की खिल्ली उड़ाई। लेकिन मैकाडू ने हडसन सुरंगों में अपना सपना साकार किया। मार्कोनी ने हजारों मील दूर से लोगों के संदेशों को हवा की लहरों पर तैरते देखा और एक अद्भुत यंत्र की घोषणा की। लोगों ने उन्हें पागल कह दिया। लेकिन उन्होंने हार नहीं मानी, अपनी कल्पना को साकार करते हुए अपना अविश्वसनीय वायरलेस टेलीग्राफ बनाकर लोगों को हैरत में डाल दिया!

लोग अमेरिका को 'अवसर की भूमि' कहते हैं। यह कल्पना की भूमि है। यहां सबसे विनम्र व्यक्ति सत्ता के सबसे ऊंचे पद पर पहुंच जाता है। कल्पना ही उन्हें आगे बढ़ने में मदद करती है। एक मामूली, अप्रसिद्ध क्लर्क जिस संस्था में नौकरी करता है उसका अध्यक्ष बनने की कल्पना करता है। फिर जब तक कि उसे अपने लक्ष्य का एहसास नहीं हो जाता, वह कदम दर कदम आगे बढ़ता जाता है। अध्यक्ष पद पर काबिज होने से पहले वह कल्पना करता है कि वह उस जगह पर बैठा हुआ है।

अपनी कल्पना शक्ति विकसित करें।

महान पर्थेस ने एक बार कहा था, 'त्वरित कल्पना सांसारिक जीवन का नमक है, जिसके बिना प्रकृति एक कंकाल मात्र है। लेकिन उपहार जितना बड़ा होगा जिम्मेदारी भी उतनी ही बड़ी होगी।' छोटी-छोटी उपलब्धियों की कल्पना करें। ये ही छोटी-छोटी उपलब्धियां बड़ी उपलब्धियां बन जाएंगी।

और तब ये अमर हो जाएंगी। इतिहास उन्हीं लोगों उपलब्धियों की कहानियों से लिखा गया है जिनके पास कल्पना शक्ति थी।

अपनी कल्पना शक्ति विकसित करें।

***

आप जो कहते हैं लोग उस पर संदेह कर सकते हैं, लेकिन आप जो करते हैं उस पर वे विश्वास करेंगे।

-लुईस कैस, 1782-1866

तय कर लें कि यह काम किया जा सकता है और किया ही जाएगा, और फिर हम रास्ता भी खोज लेंगे।

-अब्राहम लिंकन, 1809-1865

प्रकृति ने मनुष्य को केवल एक ही चीज पर पूर्ण नियंत्रण प्रदान किया है, और वह है उसके विचार। यह तथ्य के साथ एक और तथ्य को शामिल करें कि मनुष्य जो भी रचना करता है उसकी शुरुआत एक विचार के रूप में होती है। यह यही उसे उस सिद्धांत के बहुत करीब ले जाता है जिसके द्वारा डर पर काबू पाया जा सकता है।

यदि यह सच है कि सभी विचारों में अपने भौतिक समकक्ष में ढालने की प्रवृत्ति होती है (और यह सच है, संदेह की कोई गुंजाइश नहीं), तो यह भी उतना ही सच है कि भय और गरीबी जैसे विचारों के आवेग को साहस और आर्थिक लाभ के विचारों में बदला नहीं जा सकता।

-नेपोलियन हिल, 1883-1970

***

भूत

भूत-प्रेत जैसा कुछ नहीं होता, लेकिन वे लोगों के मन में मौजूद हैं। भूत बीमार, डरे हुए दिमागों की आभासी कल्पनाओं से ज्यादा कुछ नहीं। इन भूतों को कई नामों से जाना जाता है जैसे, विफलता का भूत, विचारों का भूत, गलती का भूत, आशंका का भूत, पछतावे का भूत और ऐसे ही अनेक भूत। अपने भूतों का सामना करें। भूतों तक चलकर जाएं। उनसे हाथ मिलाएं। उनकी आंखों में आंखें डालकर देखिए। उन्हें सुनिए। और फिर उन्हें धक्का देकर बाहर निकाल दें, क्योंकि वे कभी भी आपका भला नहीं करेंगे।

अपने भूतों का सामना करें।

ये भूत हमेशा काम में लगे रहते हैं। डॉक्टर, वकील, व्यवसायी के ऑफिस में, आपके घर में, सड़क पर यानि हर जगह। लेकिन रौशनी में भूतों को परेशानी होती है। वे अंधेरी गलियों में पैदा होते हैं, वहीं पलते-बढ़ते हैं और केवल कमजोरियों के आसपास मौजूद रहते हैं। इनसे बचने के लिए आपको उन्हें रौशनी का संकेत देते रहना है, अपने दिमाग को सकारात्मक विचारों के लिए खुला रखना है, साहस बनाए रखना है और सतर्क रहना है। अपने चरित्र को मजबूत बनाए रखना है।

अपने भूतों का सामना करें।

आज जब आप अखबार पढ़ रहे होंगे, तो छपी हुई पंक्तियों के बीच में भूत होंगे। भूत आपको ढूंढ़ते रहते हैं और लगातार आपके दिमाग में प्रवेश करने का प्रयास करते रहते हैं। उन्हें समय बर्बाद करने वाले, अपनी नौकरी से डरने वाले, झिझकने वाले लोग पसंद हैं। वे सुस्त लोगों के बीच मौज-मस्ती करते हैं। लेकिन कर्मठ, समय का सदुपयोग करने वालों, बाधाओं को पार करने वालों और अपना रास्ता खुद बनाने वाले लोगों को देखते ही ये भूत डरे हुए कुत्तों की तरह दुम दबाकर छिप जाते हैं। भूत-प्रेत से डरिए मत।

अपने भूतों का सामना करें।

भूतों को आश्रय मत दीजिए। ये भूत जीवित, चलते-फिरते लोगों का कुछ नहीं बिगाड़ सकते।

अपने भूतों का सामना करें।

***

जब मैं किसी बच्चे के मिलता हूं, तो वह मुझमें दो भावनाएं जगाता है, एक तो उसके भीतर की कोमलता और दूसरी वह भविष्य में जो बनने वाला है, उसके प्रति सम्मान।

-लुई पाश्चर, 1822-1895

यह तो तय है कि जो लोग दूसरों को नापसंद करते हैं, उन्हें भी नापसंद किया जाएगा। टेलीपैथी के सिद्धांत के अनुसार, प्रत्येक मन अपनी सीमा के भीतर आने वाले सभी मनों में संचार करता है। जो व्यक्ति एक आकर्षक व्यक्तित्व विकसित करना चाहता है, उसे न केवल अपने शब्दों और कार्यों, बल्कि निश्चित रूप से, अपने विचारों को भी नियंत्रित करना जरूरी है।

-नेपोलियन हिल, 1883-1970

***

सम्मान

सम्मान उस साथी का नाम है जो आपके विवेक के द्वार खोलता है। आपके चरित्र में इस साथी का सर्वोच्च स्थान है, क्योंकि यह समाप्त हो गया तो, आपकी चेतना मृतप्राय हो जाती है, सम्मान खो जाने पर जीत का कोई अर्थ नहीं।

सम्मान आपका सबसे वफादार दोस्त, आपका सबसे बड़ा मार्गदर्शक, आपका सबसे शक्तिशाली रक्षक, बंदरगाह में आपका सबसे सुरक्षित पायलट है।

सम्मान खो जाने पर जीत का कोई अर्थ नहीं।

और सम्मान खुद बनाना पड़ता है। आप अपना सम्मान स्वयं हैं, क्योंकि कोई भी व्यक्ति अपने आप के अलावा किसी और के साथ बेहतर संबंध नहीं रख सकता है। सम्मान के बिना आदमी एक दिखावटी, एक धोखेबाज, एक नकली इंसान है।

सम्मान खो जाने पर जीत का कोई अर्थ नहीं।

स्वयं का सम्मान करें, अन्य लोग आपका सम्मान करने के लिए मजबूर हो जाएंगे। और आप भी उनका सम्मान करेंगे। सम्मान बुद्धिमत्ता का आरंभ है। सम्मान की रक्षा करते हुए आप बिना किसी हिचकिचाहट के लोगों की आंखों में आंखें डालकर देखते हैं। सम्मान के साथ, सक्रिय और निडर होकर, आप निरर्थक बातों और बाधाओं को दूर करने के लिए आगे बढ़ते हैं और दूसकों का मार्ग प्रशस्त करते हैं जिससे उन्हें लाभ होता है।

सम्मान खो जाने पर जीत का कोई अर्थ नहीं।

आज जब आप अपने दिन की शुरुआत करते हुए आगे बढ़ें, तो इस पर विचार करें। इसे आपको मजबूत बनाए रखने दें। इसे आपको अदम्य साहसी बनाने दें। इसे आपको आपकी वर्तमान स्थिति से ऊपर उठाकर ऊपर की ओर ले जाने दें। इसे आप एक लीडर बनाएं। क्योंकि-

सम्मान खो जाने पर जीत का कोई अर्थ नहीं।

***

नेतृत्व, रणनीति और चरित्र का एक प्रभावशाली संयोजन है, लेकिन यदि आपको किसी एक के बिना रहना है, तो रणनीति को छोड़ें।
-जनरल एच. नॉर्मन श्वार्जकोफ

ईमानदारी व्यक्तित्व का एक ऐसा गुण है जिसका संतोषजनक विकल्प अब तक नहीं खोजा जा सका है, क्योंकि यह एक ऐसा गुण है जो व्यक्तित्व के अधिकांश गुणों की तुलना में मनुष्य के अंदर अधिक गहराई तक प्रभाव डालता है। जी हां, ईमानदारी स्वयं से शुरू होती है और यह अच्छे चरित्र का एक गुण है जो खुद को इतनी स्पष्ट रूप से प्रतिबिंबित करता है कि कोई भी इसे नजरअंदाज नहीं कर सकता है। सबसे पहले अपने प्रति ईमानदार बनें, उन लोगों के प्रति ईमानदार रहें जिनसे आपके पारिवारिक संबंध हैं, अपने व्यवसाय के प्रति, अपने दैनिक सहयोगियों के प्रति ईमानदार रहें, अपने दोस्तों और परिचितों के प्रति ईमानदार रहें और, नि:संदेह, अपने देश के साथ भी पूरी तरह से ईमानदारी बरतें। सबसे ऊपर, मानव जाति को तरह-तरह के उपहार देने वाले के प्रति ईमानदार रहें।
-नेपोलियन हिल, 1883-1970

***

लिंकनाइज करें

एक व्यक्ति जो कुछ भी काम करता है, वह हमेशा उससे बड़ा होता है, यानि काम नहीं व्यक्ति का चरित्र बड़ा होता है। व्यक्ति के लिए अपने चरित्र को मजबूत और बड़ा बनाने से बढ़कर और कोई काम नहीं होता। उदाहरण लें अब्राहम लिंकन का। मानवता के लिए, अब्राहम लिंकन, राष्ट्रपति लिंकन की तुलना में बहुत बेहतर हैं, और समय बीतने के साथ-साथ, उनके व्यक्तित्व के शानदार गुण को दुनिया-भर के लोगों और सभी राष्ट्र के लिए अधिक से अधिक प्रासंगिक होते जा रहे हैं। अपने काम को लिंकनाइज करें।

लिंकन को कामकाज का मार्गदर्शन करने वाले नियम सामान्य ज्ञान से जुड़े थे और वे मानवता के नियम थे। वे बहुत सरल थे। इन नियमों में कोई अतिरिक्त तामझाम और रुकावटें नहीं थीं। अत्यंत सरल सोच वाले व्यक्ति लिंकन के न्यायपूर्ण निर्णयों और निष्कर्षों को तुरंत समझ लेते थे। कोई भी बिजनेस हाउस यदि कोई सबसे अच्छा निवेश करना चाहता है, तो उसे लिंकन का मार्गदर्शन करने वाले आचरण के सभी सरल नियमों को मुद्रित और फ्रेम करवाकर अपने प्रत्येक कर्मचारी के सामने लटका देना चाहिए।

अपने बिजनेस को लिंकनाइज करें।

जब लिंकन ने जनरल हुकर को पदोन्नत किया तो उन्होंने उससे कहा कि वह जानते हैं कि उनमें दोष हैं, उनके कई दुश्मन हैं, उनमें घमंड जैसी और भी कई व्यक्तिगत बुराइयां हैं। लिंकन ने हुकर के शानदार नेतृत्व के गुणों को पहचाना और उनकी बाकी कमियों या दोषों पर ध्यान नहीं दिया। उन्होंने हमेशा व्यक्ति की खासियतों को देखा। वह ग्रांट से मिलने से पहले ही उन्हें जानते थे। लिंकन ने मनुष्यों को उनके कर्मों से पहचाना। उनके लिए व्यक्ति नहीं, परिणाम महत्त्वपूर्ण थे।

अपने निर्णय को लिंकनाइज करें

लिंकन न्यायप्रिय थे। लिंकन उदार थे। लिंकन सच्चे थे। लिंकन क्षमाशील थे। लिंकन विनम्र स्वभाव के थे। लिंकन सज्जन थे। लिंकन मजबूत थे।

अपने विचारों को लिंकनाइज करें।

***

एक महान नेता ने अपने सफल नेतृत्व का रहस्य इन शब्दों में बताया, 'दया, मजबूरी से अधिक शक्तिशाली होती है।'
—नेपोलियन हिल, 1883-1970

एक आकर्षक व्यक्तित्व दिखावे या सजावट की वस्तु नहीं है। इसे उचित दृष्टिकोण और अच्छी आदतों को अपनाकर ही बनाया जा सकता है। आप अपने द्वारा बनाए गए नए व्यक्तित्व में गुम नहीं होंगे, बल्कि आप वास्तव में क्या और कौन बनना चाहते हैं-यह स्पष्ट रूप से प्रदर्शित कर पाएंगे।
—नेपोलियन हिल, 1883-1970

***

ईमानदारी

ईमानदार बनें।

क्योंकि ईमानदारी वह चिह्न है जो आपके चरित्र पर मोहर लगाता है और उसे 'ट्रेडमार्क' बना देता है, ताकि आपका चरित्र तत्काल आपके वास्तविक रूप में दिखाई दे।

ईमानदार बनें।

उस व्यक्ति पर कोई भी भरोसा नहीं करता जो खुद पर भरोसा नहीं करता। ईमानदार बनें। सामने वाले की आंखों में बिना झिझके पूरे आत्म-विश्वास से देखें, और वह आप पर भरोसा कर लेगा।

ईमानदार बनें।

योग्यता और ज्ञान की कमी को कई बार माफ कर दिया जाता है। लेकिन छल-कपट और बेईमानी को कभी नहीं। ईमानदार बनें। दुनिया को पूरी तरह से दिखा दें कि आप ईमानदार हैं और आपका नियमित कामकाज सुचारू रूप से और संतुष्टि के साथ आगे बढ़ता रहेगा।

ईमानदार बनें।

ईमानदारी पैसे से बढ़कर होती है। जिस प्रकार चुंबक लोहे के कणों को अपनी ओर खींचकर जमा कर लेत है, उसी प्रकार जो व्यक्ति ईमानदारी को अपनी संपत्ति मानता है, वह लोगों, संभावनाओं और बड़े कार्यों को अपने पक्ष में खींचता है।

ईमानदार बनें।

बीते कल की विफलता से परेशान न हों। आज आपके सामने है। कोई नया उपाय आजमाएं। नई धुन के लिए नया साज छेड़ें। एक नई शक्ति को थामें, ईमानदार बनें। फिर देखिए, आपका यह दिन व्यर्थ नहीं जाएगा।

ईमानदार बनें।

***

कभी हार मत मानिए। कभी नहीं। कभी नहीं। कभी नहीं। कभी नहीं।
—विंस्टन चर्चिल, 1874-1965

जैसे ही आप सफलता के विचारों से अपने दिमाग को चार्ज करते हैं, विफलता की आशंका अप्रिय लगने लगती है। लेकिन हार का सामना तो हर किसी को करना ही पड़ता है, किसी को बड़ी हार मिलती है, तो किसी को छोटी। जो लोग अंतत: अपने सपनों को हासिल कर लेते हैं, और जो लोग लड़खड़ाकर दौड़ छोड़ देते हैं, इनके बीच जो बात अलग होती है वह यह है कि सफल लोग जीवन में मिलने वाली आलोचनाओं, व्यक्तिगत हमलों और विपत्तियों से ये लोग सबक सीखते हैं। इसे शेक्सपियर ने जीवन का दर्द और अन्याय कहा था।

यद्यपि सफलता के रास्ते में मिलने वाली विफलता के महत्व को बढ़ा-चढ़ाकर बताना विडंबनापूर्ण लग सकता है, लेकिन इसे एक आवश्यक अनुभव माना जाना चाहिए बड़ी सफलता की अंतिम उपलब्धि के लिए बनाया गया है। जब आप हारते हैं तो आपके नुकसान की सीमा नहीं, बल्कि उन्हें परखने और उनसे सबक सीखने की क्षमता अधिक मायने रखती है।

—नेपोलियन हिल, 1883-1970

यदि आप एक योग्य लक्ष्य प्राप्त करने की दिशा में काम कर रहे हैं और अब हार मानने को तैयार हैं, तो थोड़ा रुककर विचार करें। बल्ब के आविष्कारक थॉमस एडिसन की कहानी पढ़ें। हेलेन केलर की जीवन परिचय पढ़ें। निश्चित ही आप अपनी यात्रा जारी रखने के लिए प्रेरित होंगे।

—डॉन एम. ग्रीन, कार्यकारी निदेशक
नेपोलियन हिल फाउंडेशन

***

लगातार प्रयास करें

लगातार प्रयास करें।

हर बाधा को पार करने के लिए लगातार कठिन प्रयास करें। अपने उद्देश्य की गरिमा बनाए रखने के लिए जूझें। खोदें, भेदें, निचोड़ें, पसीना बहाएं, लेकिन बाधाओं को पार करें!

पानी की बूंदें पत्थर को भी काट देती हैं। विज्ञान कहता है कि सेना के सम, लयबद्ध कदमों में सबसे मजबूत पुल को ध्वस्त करने की शक्ति होती है। इसी प्रकार दृढ़ प्रयास से कहीं भी, कुछ भी हासिल किया जा सकता है। इसी विश्वास के साथ आज से ही शुरुआत करें-

लगातार प्रयास करें।

प्रयास करें! क्या आपके साथी को कुछ अधिक हासिल हो गया है? आप भी कठिन प्रयास करें। आप कल कई कामों में विफल रहे थे? लगातार प्रयास करते रहें। आपको धन, प्रतिष्ठा, वैभव चाहिए? प्रयास करें। मानसिक, नैतिक या आर्थिक दिवालियापन आपको घूर रहे हैं? उस ओर ध्यान नहीं देना है। बस-

लगातार प्रयास करें।

सफलता विरासत में मिलने वाली कोई चीज नहीं है. इसे पाने के लिए आप-

लगातार प्रयास करें।

जिस भी स्त्री या पुरुष ने अतीत में कोई सफलता हासिल की है, तो उसे मालूम है कि प्रयास कैसे और किस तरह करने पड़ते हैं। बस, शुरुआत करनी है। इससे कोई फर्क नहीं पड़ता कि आप क्या चाहते हैं या आप इसे कहां चाहते हैं, या आप इसे कब चाहते हैं, आपको पहले यह जानना होगा कि प्रयास कैसे करना है, अन्यथा सफलता आपको नहीं मिल सकती। प्रयास करें।

लगातार प्रयास करें।

***

एकाग्रता का अर्थ है एक निश्चित लक्ष्य की प्राप्ति पर ध्यान, रुचि और इच्छा को केन्द्रित करना।

—नेपोलियन हिल, 1883-1970

'मन में एक निश्चित लक्ष्य, वस्तु या उद्देश्य को बिठाने और उसे पाने के उपाय और साधन जुटाए जाने तक उसी की कल्पना करते रहने की आदत' को एकाग्रता कहा जाता है।

एकाग्रता का सिद्धांत वह माध्यम है जिससे टाल-मटोल पर काबू पाया जा सकता है। इसी सिद्धांत के आधार पर आत्म-विश्वास और स्व-अनुशासन की भविष्यवाणी की जाती है।

आदत का नियम। आदत का सिद्धांत और एकाग्रता का सिद्धांत साथ-साथ चलते हैं। एकाग्रता से आदत विकसित हो सकती है और आदत से एकाग्रता विकसित हो सकती है।

—नेपोलियन हिल, 1883-1970

***

एकाग्रता

ध्यान केंद्रित करें।

स्थिरता, साहस और दृढ़ संकल्प के साथ अपने लक्ष्य को भेद दें। कोई फर्क नहीं पड़ता कि आपके पास कौन-सा साधन है।

ध्यान केंद्रित करें।

कार्य और व्यवसाय का पहिया एक धुरी के चारों ओर लगातार घूमता रहता है। सफलता में, रिम, स्पोक, हब एक साथ मजबूती से टिके रहते हैं, और मानव की तरह एक होकर सोचते हैं, योजना बनाते हैं, आगे बढ़ते हैं।

ध्यान केंद्रित करें।

सतत प्रयासों से परिणाम मिलते हैं। अवसर उन्हीं लोगों के पास आते हैं, जो अपने काम से चिपके रहते हैं। बॉस की नजर काम करने वाले व्यक्ति पर बरबस ही टिक जाती है।

ध्यान केंद्रित करें।

सारी जानकारियां इकट्ठा करें। अपने पूरे दिन की योजना बनाएं। काम को गति दें। हर मिनट और हर चाल पर ध्यान दें। ध्यान केंद्रित करें। और पूरा किया गया कार्य आपके उस दिन का लक्ष्य होगा। ये आपके जीवन के चौबीस सार्थक घंटे होंगे।

ध्यान केंद्रित करें।

***

मैंने उसी तरह सीखा जैसे एक बंदर सीखता है—अपने माता-पिता की नकल करके।

—क्वीन एलिजाबेथ द्वितीय

क्या आपको इस बात का एहसास है कि आपके अवचेतन मन कितना शक्तिशाली है। एक ऐसी शक्ति जिसका आप दोहन और उपयोग कर सकते हैं। क्या आप उपलब्धि और सफलता की शक्ति के स्रोत को जानते हैं जो पारस्परिक लाभ के लिए अपने दिमाग के संसाधनों को दूसरों के संसाधनों के साथ जोड़कर प्राप्त किया जा सकता है?

यह सभी उपलब्धियों की शक्ति है। सफलता के दर्शन को समझने और लागू करने के लिए आपको इस शक्ति की आवश्यकता है और यह आसानी से उपलब्ध है। उत्पादक जीवन के लिए आपको जिस शक्ति की आवश्यकता है वह आपके अपने मन के भंडार में है।

—नेपोलियन हिल, 1883-1970

शिक्षा, जीवन जीने का एक तरीका है। जब कोई डिग्री हासिल करता है तो उसके लिए अपने आपको शिक्षित महसूस करना आसान होता है, लेकिन जिस समारोह में डिग्री प्राप्त की जाती है उसे कमेंसमेंट एक्सरसाइज (प्रारंभिक अभ्यास) कहा जाता है। यह तो बस एक शुरुआत है, और शिक्षा जीवन जीने का एक तरीका है।

—डॉन एम. ग्रीन, कार्यकारी निदेशक
नेपोलियन हिल फाउंडेशन

***

सीखें

एक पर्यवेक्षक बनें। किसी भी नई बात को तब तक जाहिर न करें जब तक कि उसकी अहमियत तय न कर लें, उसके अर्थ का अध्ययन न कर लें और उसके सबक को आत्मसात न कर लें। सीखें।

पता लगाएं।

प्रकृति से, लोगों और घटनाओं से सीखें। हर दिन के विचार को पढ़ें और जहां तक संभव हो, समझने की कोशिश करें। फिर अपना ज्ञान लागू करें। जब, जहां जिस स्थिति से सीख सकते हैं, सीखें। रहस्यों को परखें, कठिनाइयों पर काबू पाएं।

पता लगाएं।

आपके लिए इतिहास के कुछ पैराग्राफ प्रस्तुत हैं। जॉन मिल्टन के शब्द, 'मैं दृष्टिहीन हूं, पचास पार कर चुका हूं, लेकिन मैं अपना *पैराडाइज लॉस्ट* पूरा कर रहा हूं।' माइकल एंजेलो की बात, 'सत्तर साल की उम्र होने के बावजूद मैं अभी भी सीख रहा हूं।' जॉन केम्बले बताना चाहते हैं, 'मंच छोड़ने के बाद से, मैंने *हेमलेट* को तीस बार लिखा है। मैं अब अपनी कला को समझने लगा हूं।' आपके पास आंखें, कान और मुंह है, बोलने के लिए। सीखें।

पता लगाएं।

आज आपको अपना काम बेकार लग सकता है। हो सकता है आप 'केवल एक क्लर्क' हों, लेकिन यदि आप सीखेंगे नहीं, तो जहां हैं, वहीं बने रहेंगे। क्योंकि प्रगति का मार्ग मनुष्य का मार्गदर्शन करता है। सीखें।

पता लगाएं।

नेतृत्व केवल उन लोगों को मिलता है जो जानते हैं। ज्ञान निश्चित रूप से एक शक्ति है। सफलता का उत्सव केवल वही लोग मनाते हैं, जिन्होंने सीखने के लिए समय निकाला। यदि आप भी जीतना चाहते हैं, तो सीखें!

***

मनुष्य वही होता है, जो होने का वह विश्वास करता है।
-एंटोन पावलोविच चेखव, 1860-1904

प्रत्येक क्रिया का पूर्वज एक विचार होता है।
-राल्फ वाल्डो एमर्सन, 1803-1882

जब हेनले ने भविष्यवाणी की, 'मैं अपने भाग्य का स्वामी हूं, मैं अपनी आत्मा का कप्तान हूं,' तो उन्हें हमसे भी यह कहना था कि हम अपने भाग्य के स्वामी हैं, अपनी आत्माओं के कप्तान हैं, क्योंकि अपने विचारों को नियंत्रित करने की हममें शक्ति है।

उन्हें हमें बताना चाहिए था कि हमारा मस्तिष्क उन प्रबल विचारों से आकर्षित हो जाता है जिन्हें हम अपने मन में रखते हैं, और, जिन तरीकों से कोई भी व्यक्ति परिचित नहीं है, ये 'चुंबक' उन शक्तियों, लोगों, जीवन की परिस्थितियों को हमारी ओर आकर्षित करते हैं जो हमारे प्रभावशाली विचारों की प्रकृति के साथ सामंजस्य स्थापित करते हैं।

उन्हें हमें यह भी बताना चाहिए था कि इससे पहले कि हम बड़ी मात्रा में धन इकट्ठा कर सकें, हमें अपने दिमाग को धन की तीव्र इच्छा की ओर आकर्षित करना चाहिए, हमें 'पैसे के प्रति जागरूक' होना चाहिए जब तक कि पैसे की इच्छा हमें इसे प्राप्त करने के लिए निश्चित योजनाएं बनाने के लिए प्रेरित न करे।
-नेपोलियन हिल, 1883-1970

***

सोचें

लोगों को वेतन मिलता है, महत्वाकांक्षा पूरी होती है, सफलता उतनी ही मिलती है जितना आदमी सोचता है।

सोचें।

महान काम करने वाले सभी लोग महान विचारक थे, और हैं। सोचें। सोचने वाले के दिमाग पर गलतियां, भ्रांति, व्याकुलता कम ही असर डालती हैं।

सोचें।

लेकिन एक निश्चित उद्देश्य के लिए सोचें। अपने विचारों को व्यवस्थित करें। अपने प्रत्येक मिनट, घंटे और दिन के कार्यों की योजना बनाएं। सोचें।

सोचें।

नेपोलियन एक विचारक थे। फ्रांस के संकटों के दौर में नेपोलियन की तलाश की गई, वह एक अज्ञात छत पर बने हुए कमरे में पाए गए, जहां वह पेरिस की सड़कों का अध्ययन कर रहे थे और आने वाले कल के लिए अपनी सर्वोत्तम चालों के बारे में सोच रहे थे। सोचें।

सोचें।

अपने मौन साथी बनें। सोचें। अपनी बौद्धिक बल के प्रति जिम्मेदार बनें। सोचें। अपने कठिन संघर्षों और विफलताओं से उबरने के लिए ऐसे कार्य करें जो केवल कठिन और श्रमसाध्य विचारमंथन के बाद ही किए जा सकते हैं। सोचें।

सोचें।

आज अपने दिन की शुरुआत इस संकल्प के साथ करें कि आप अपने प्रत्येक कार्य पर विचार करेंगे। यह ध्यान में रखें कि सबसे शानदार और सबसे उपयोगी परिणाम उस व्यक्ति का अनुसरण करते हैं जो सोचता है।

***

एक बुद्धिमान व्यक्ति जितना खोजता है, उससे अधिक अवसर बना लेता है।
-सर फ्रांसिस बेकन, 1561-1626

कोई भी महान व्यक्ति अवसर की कमी की शिकायत नहीं करता।
-राल्फ वाल्डो एमर्सन, 1803-1882

यदि आपका जहाज आपके पास नहीं आ सकता, तो तैरकर उस तक पहुंचें!
-जोनाथन विंटर्स

सफलता का चुपके से आ जाना अवसर की चाल है। यह पिछले दरवाजे से छिपकर घुसने की बेईमानी करती है और अक्सर यह दुर्भाग्य, या अस्थायी हार के भेस में आती है।
-नेपोलियन हिल, 1883-1970

आज अवसर इतने अधिक मौजूद हैं कि आज कोई भी ऐसा करियर अपना सकता है जो कुछ साल पहले तक अस्तित्व में नहीं था। आज कई लोग अपने कामकाजी जीवन के दौरान अलग-अलग क्षेत्रों में काम करते हैं और यदि वे उचित शिक्षा और प्रशिक्षण लेकर तैयारी करते हैं तो वे आसानी से और काफी हद तक अपनी इच्छानुसार नौकरियां बदल सकते हैं।
-डॉन एम. ग्रीन, कार्यकारी निदेशक
नेपोलियन हिल फाउंडेशन

***

अवसर

अवसर कुछ भी नहीं ऐसा नहीं, कुछ तो अवश्य है। इसके अलावा वास्तविक है, आभासी नहीं।

और, अवसर सदैव मौजूद भी रहता है-आज भी और कल भी। क्षणों, घंटों, दिनों, सप्ताहों, महीनों और वर्षों तक, वह अदृश्य और अनसुना-सा इधर-उधर मंडराता रहता है, बस इसकी आत्मा को महसूस किया जा सकता है और उसको हथियाया जाता है!

सतर्क व्यक्ति के लिए अवसर प्रगति का हाथ है, बेसुध और आलसी व्यक्ति के लिए विफलता का इशारा। प्रकाश के सभी दूतों में से अवसर सबसे अधिक धैर्यवान, सबसे निष्पक्ष, सबसे न्यायपूर्ण और सबसे विचारशील है।

अवसर व्यक्तियों या मौसमों का विचार नहीं करता। वह हमेशा काम पर लगा रहता है और वह हमेशा इंतजार करता रहता है। आदमी हमेशा के लिए सोया पड़ा रह सकता है, लेकिन अवसर कभी नहीं सोता।

इस क्षण में वह आपके सामने खड़ा है। आपके निर्णय का इंतजार करते हुए पूरे दिन वह आपके आसपास रहेगा। वह बिजली की तरह सभी को अपने संदेश भेजता है, लेकिन उसकी एकमात्र अनुरोध होता है आपसे।

सोचिए! इस बारे में क्या ख्याल है, 'रुकिए, देखिए, सुनिए'। क्या आप देख सकते हैं, सुन सकते हैं, महसूस कर सकते हैं, उसका हाथ पकड़ सकते हैं? आज के दिन इस अवसर ने आपको जो कुछ भी उपलब्ध कराया है, उसका अधिकतम लाभ उठाएं। सोचिए, सोचिए, सोचिए! उसके बाद काम पर लगिए।

अवसर को लेकर एक तथ्य है-सबसे सरल काम को हाथ में लेना है और उसे अपने सर्वश्रेष्ठ ढंग से पूरा करना है। आपको काम का जितना भुगतान किया जा रहा है, उससे बेहतर काम करना है और आप जितना सोच सकते हैं उससे कहीं अधिक बड़े काम निपटाने हैं।

जो व्यक्ति अवसर से बहुत जल्दी दोस्ती कर लेता है और उसे हर दिन अपने साथ लेकर चलता है उसकी प्रगति सुनिश्चित है।

***

एक बहुत जरूरी बात है जिसे ज्यादातर लोग नजरअंदाज कर देते हैं। जब तक कोई व्यक्ति अपनी सेवा के लिए मिल रहे भुगतान से अधिक काम नहीं करता है, तब तक तो उसे अपने काम का पूरा भुगतान मिल ही रहा है। दुःखद तथ्य यह है कि 100 में से 98 वेतनभोगियों के पास दैनिक वेतन के लिए काम करने से बड़ा कोई निश्चित उद्देश्य नहीं होता है। इसलिए, उन्हें इससे कोई फर्क नहीं पड़ता कि वे कितना काम करते हैं या कितनी अच्छी तरह से करते हैं। भाग्य का पहिया उन्हें मामूली जीवन से अधिक दिए बिना ही घूम जाता है, क्योंकि वे न तो इससे अधिक की उम्मीद करते हैं और न ही मांग करते हैं।

–नेपोलियन हिल, 1883-1970

लेखक एल्बर्ट हब्बार्ड ने कर्मचारियों को सलाह दी कि वे अपने नियोक्ता के प्रति वफादार रहें या नौकरी छोड़कर कहीं और काम करने निकल जाएं और खुद पर और अपने नियोक्ता पर एहसान करें। वफादार होना जरूरी है, क्योंकि यदि किसी कर्मचारी की मानसिक स्थिति अच्छी नहीं है तो वह प्रदर्शन नहीं कर पाएगा और आगे नहीं बढ़ पाएगा। किसी को जो वेतन मिलता है वह घंटों की संख्या के हिसाब से नहीं, बल्कि उसके श्रम के मूल्य के हिसाब से मिलता है।

–डॉन एम. ग्रीन, कार्यकारी निदेशक
नेपोलियन हिल फाउंडेशन

***

निष्ठा

वफादार बनें।

वफादार होने का अर्थ है स्वयं के प्रति ईमानदार रहना। और आप जब तक स्वयं के एक अच्छे बॉस नहीं बनेंगे, तब तक अपने प्रति ईमानदार भी नहीं हो सकेंगे। विफल लोगों के साथ समस्या यह है कि कोई और उनपर हुक्म चलाता है। तब विश्वासघात या निष्ठाहीनता घर कर जाती है और मनुष्य के जीवन में खटास पैदा कर देती है और वह अपने आपसे दूर हो जाता है।

वफादार बनें।

आपके भीतर की संभावनाओं को आपसे बेहतर और कोई नहीं जानता है। बिना देर किए अपनी संभावनाओं को परखें और उनके प्रति वफादार रहना सीखें। वफादारी का गुण अनमोल होता है।

वफादार बनें

वफादार व्यक्ति कई बार निराश होकर दूसरों के प्रलोभनों में आकर अपने रास्ते से भटक जाता है। लेकिन, जो व्यक्ति अपने विश्वास पर कायम रहकर वफादार बना रहता है, अंततः वही व्यक्ति अपने भीतर साधनसंपन्नता, शक्ति और प्रगति को महसूस कर पाता है।

वफादार बनें।

वफादारी का अर्थ है त्याग। लेकिन त्याग का अर्थ है सफलता!

वफादार बनें।

उपलब्धि, सम्मान और संतुष्टि सभी वफादारी पर आधारित हैं-अपने काम और अपने दोस्तों के प्रति वफादारी।

वफादार बनें।

योग्य और गुणसंपन्न व्यक्ति को हर तरफ से लाभ मिलता है। आज आपका काम आपको वास्तव छोटा और निरर्थक लग सकता है। लेकिन याद रखें, 'ईश्वर की नजर सब पर है' और आज जो भी काम आपको सौंपा गया है उसके प्रति थोड़ी भी लापरवाही या उपेक्षा उस समय बड़े स्वरूप

में सामने आ सकती है, जब आप अपना काम पूरा कर चुके होंगे। अपने काम के प्रति शुरू से अंत तक ध्यान लगाना, वफादार बने रहना ही प्रगति का सबसे सुरक्षित, पक्का रास्ता है-

वफादार बनें।

***

साहस को मानवीय गुणों में अव्वल माना जाता है, क्योंकि यही वह गुण है जो अन्य सभी गुणों की गारंटी देता है।

-विंस्टन चर्चिल, 1874-1965

इस बात को ध्यान में रखते हुए कि हममें से प्रत्येक व्यक्ति के भीतर दो (या कभी-कभी दो से अधिक भी) व्यक्ति रहते हैं, कोई आश्चर्य नहीं कि हम अक्सर भ्रमित हो जाते हैं कि हम हैं कौन, क्या, किस हद तक हम हैं। अपने वास्तविक स्वरूप को खोजना एक मूल्यवान उपलब्धि है। अपने व्यक्तित्व की असलियत को कभी खोज न पाना एक दु:खद भूल है। हमारे भीतर मौजूद सबसे मजबूत, सबसे शक्तिशाली अस्तित्व से परिचित होना एक चुनौती है, लेकिन रोमांचक और फायदेमंद है। यदि आप अपनी सहज प्रवृत्तियों को ढूंढ़कर उनका अनुसरण कर सकते हैं, तो आप जो चाहें, आपको मिल सकता है। इससे आपको आत्मविश्वास भय, चिंता, अनिर्णय पर विजय पाने में मदद मिल सकती है। आप जीवन की गहन शक्ति की बेहतर समझ की ओर जा सकते हैं, और आपको मनचाहे क्षेत्र में सफल होने के लिए आवश्यक निपुणता भी मिल सकती है। आपका सर्वश्रेष्ठ स्व ही आपका सबसे मजबूत सहयोगी है।

-नेपोलियन हिल, 1883-1970

***

साहस

साहसी बनें।

जब लोकप्रियता, या अस्थायी सफलता आपका उपहास उड़ाती है, तो ऐसे समय में बिना किसी हलचल या उत्तेजित हुए अपनी सीट पर शांति से बैठने की कला को साहस कहते हैं। साहस भीड़ से बाहर और अकेला खड़ा रहता है।

साहसी बनना तो किसी को मजबूर करना है और न ही यह कोरा धोखा है। इसका इन दोनों से कोई संबंध नहीं है। साहस केवल शारीरिक नहीं है, बल्कि अधिकतर नैतिक होता है। साहस आवरणरहित होता है, आग में परखा गया और बिना ध्वस्त हुए और अखंडित रूप से बाहर निकलता है। साहस को अपने कार्यों में प्रकट करना होता है। यह कभी अवसरों की प्रतीक्षा नहीं करता, यह स्वयं अवसर बनाता है।

साहस जन्मजात होता है, लेकिन इसे अपने भीतर पैदा किया जा सकता है और उपयोग करके इसे बढ़ाया भी जा सकता है।

आज, कल और हर दिन साहस रखना होगा। यह हृदय को प्रसन्न और आत्मा को बलवान बनाता है। यह सिस्टम में मुस्कुराहट लाता है और यह व्यक्ति के भीतर इस तरह का संचार पैदा करता है कि वह बाहर निकलकर अपना सर्वश्रेष्ठ प्रदर्शन करने के लिए प्रेरित होता है।

यदि आपमें साहस है तो आप कभी विफल नहीं हो सकते, इसके बिना आप कभी जीत नहीं सकते।

साहसी बनें!

***

जिसमें विश्वास है, उसके लिए किसी स्पष्टीकरण की आवश्यकता नहीं है। अविश्वासी व्यक्ति को कोई भी स्पष्टीकरण नहीं दिया जा सकता।

–सेंट थॉमस एक्विनास, 1225–1274

एक महत्त्वपूर्ण तथ्य-अवचेतन मन उसे दिए गए किसी भी आदेश को पूरे विश्वास के साथ मानता है और उन आदेशों पर कार्य करता है, हालांकि अवचेतन मन उन आदेशों की व्याख्या करे इससे पहले उन्हें अक्सर बार-बार दोहराना पड़ता है।

–नेपोलियन हिल, 1883–1970

यदि आप सफलता की यात्रा तय करना चाहते हैं तो अपने आप पर विश्वास एक आवश्यक लंबी छलांग है। यदि अधिकतम सकारात्मक परिणाम चाहिए तो इसके लिए विश्वास एक घटक है। 'मैं इस पर विश्वास तब करूंगा, जब इसे देखूंगा' की जगह ऐसा कहना चाहिए, 'मैं इसे तब देखूंगा, जब मैं इस पर विश्वास करूंगा।' आप जो कर रहे हैं उस पर विश्वास करना बहुत जरूरी है।

–डॉन एम. ग्रीन, कार्यकारी निदेशक
नेपोलियन हिल फाउंडेशन

***

विश्वास

विश्वास रखें।

सबसे पहले, अपने आप पर विश्वास करें, फिर उस काम पर, जिसे आप करने के लिए निकले हैं और फिर परिणाम में विश्वास रखें।

विश्वास यह मानने करने की क्षमता है कि आप जीतने से पहले ही जीत गए हैं। यह दुश्मन, बाधाओं या अपने विरोधियों की योजना को सुरक्षित रूप से संगठित होने से पहले ही हराने की कला है। विश्वास के लिए जीत को शुरुआत में ही अपने हाथ में लेना होता है।

विश्वास रखें।

आज तक उन्हीं स्त्री और पुरुषों ने सफलता की महान कहानियां लिखी हैं, जिन्हें अपने आप पर पूरा विश्वास था। विश्वास विपत्ति में भूखे को भोजन देता है, अस्थायी विफलता में जरूरतमंदों को कपड़े और गर्माहट देता है। विश्वास चीजों को बनाता है, यह नष्ट नहीं कर सकता।

विश्वास रखें।

आपकी सफलता को केवल आपका विश्वास ही सीमित कर सकता है। विश्वास के परिणाम असीमित रहते हैं। हिम्मत नहीं हारना है।

विश्वास रखें।

लोग केवल तभी विफल होते हैं जब वे विश्वास खो देते हैं। हैंडबॉल में पिचर, युद्ध के मैदान में सैनिक, राजनीति में नेता, किसी कार्य या व्यवसाय के प्रमुख पद पर बैठा अधिकारी और बेहद विनम्र मेहनतकश ये सभी लोग आगे बढ़कर अपना सर्वश्रेष्ठ प्रदर्शन इसीलिए कर पाते हैं, क्योंकि उनमें भरपूर विश्वास होता है।

विश्वास रखें।

और, आज ही इसे अपनी जीत के संकल्प का एक महत्त्वपूर्ण हिस्सा बनाएं। अप्रत्यक्ष रूप से काम करने वाला व्यक्ति यदि पूरे विश्वास के साथ कार्य करता है, तो वह भी परिणाम के श्रेय का उतना ही अधिकारी है,

जितना काम को करने का आदेश देने वाला व्यक्ति। इसलिए विश्वास से भरे रहें। पूरे दिन-
विश्वास रखें।

***

हम इस तरह व्यवहार करते हैं मानो जीवन में आराम और विलासिता ही हमारी मुख्य आवश्यकताएं हों। जबकि हमें खुश रहने के लिए सर्वाधिक आवश्यकता उत्साहित बने रहने की होती है।

—चार्ल्स किंग्सले, 1819-1875

क्या आप अपने बारे में उत्साहित हैं? उत्साह संक्रामक होता है और एक मन से दूसरे मन में प्रवाहित होता है, और इसी तरह हम आम तौर पर इसे कार्य करते हुए देखते हैं। फिर भी, क्या आपने अपने आपको लेकर उत्साहित होने का प्रयास किया है? किसी न किसी वजह से?

अपने आप से एक कदम पीछे हटना, मानो आप अपनी आत्मा छोड़कर बाहर निकल रहे हों, और फिर अपने आपको देखना, काफी मजेदार और बहुत शिक्षाप्रद हो सकता है।

—नेपोलियन हिल, 1883-1970

राल्फ वाल्डो इमर्सन ने कहा कि उत्साह के बिना कभी, कोई भी बड़ी उपलब्धि हासिल नहीं हुई।

यदि आप कुछ भी सार्थक हासिल करना चाहते हैं, तो कुछ ऐसा चुनें जिसके बारे में आप उत्साहित हो सकें, तभी आप एक शानदार शुरुआत कर पाएंगे।

बहुत से लोग दूसरों को खुश करने या खूब पैसा कमाने का रास्ता चुनते हैं। बेहतर विकल्प यह होगा कि आप कोई ऐसा कार्य चुनें जिसके लिए आपमें उत्साह हो।

—डॉन एम. ग्रीन, कार्यकारी निदेशक
नेपोलियन हिल फाउंडेशन

***

उत्साह

किसी व्यक्ति के लिए उत्साह की स्थिति तब बनती है जब इनवॉइस लेने पर उसे पता चलता है कि उसका दिल, दिमाग और दृढ़ संकल्प अंतत: एक साथ जुड़ गए हैं और 'आर्थिक लाभ के बड़े अवसर' का हिस्सा बन गए हैं।

उत्साह एक प्रक्रिया है-केवल एक स्थिति नहीं।

अधिकतर लोगों के पास दिमाग, दिल और दृढ़ संकल्प होता है, लेकिन कुछ ही लोग होते हैं जिनमें एक ही समय में, एक ही उद्देश्य के लिए इन्हें आपस में जोड़ने की ऐसी समझ होती है जिसके कारण काम शुरू होता है और प्रगति करता है।

उत्साह वह चिंगारी है जो कार्रवाई शुरू करती है, किसी व्यक्ति को उसे पूरा करने के लिए प्रेरित करती है। यह किसी को 'लक्ष्य तक पहुंचने' के लिए प्रेरित करता है।

उत्साहित हो जाएं और आप 'सक्रिय' हो जायेंगे। फिर आपको कोई नहीं रोक सकेगा।

उत्साह पत्थर की दीवारों को पार कर लेता है, नदियों के मीलों नीचे से खजाने निकाल लेता है, लड़ाई जीतता है और शहरों और कस्बों और राष्ट्रों का निर्माण करता है। उत्साह नक्शे बदल देता है और इतिहास को संभव बनाता है। आप अपनी मेज पर, अपने हल पर, अपनी झाड़ू पर, अपनी कुल्हाड़ी पर, अपने बल्ले पर, अपनी कलम पर, चाहे आप कोई भी हों या साहस से भरे रहें, आशा और उत्साह बनाए रखें।

क्योंकि, उत्साह किसी काम को आरंभ करता है, उसे आकार देता है, पूरा करता है। अपनी रग-रग में उत्साह भरें। फिर इसे अपनी रगों में बहने दें!

***

पहले हमला करने वाला अपने प्रतिद्वंद्वी पर हावी रहता है।
-ओलिवर गोल्डस्मिथ, 1728-1774

हम या तो कोई रास्ता खोज लेंगे, या बना लेंगे।
-हैनिबल, 247-183 ई.पू.

जब भी आपका सामना किसी दुर्भाग्य से हो, तो उसे भुला दें, अपने अतीत में डाल दें। अपना ध्यान भविष्य की उपलब्धि पर रखें और आप पाएंगे कि अतीत की गलतियां अक्सर भविष्य का सौभाग्य बनकर आती हैं। आपकी संपत्ति और आपके मन की शांति एक-दूसरे से मजबूती से जुड़ी हुई है। यहां तक कि सबसे निचले स्तर की नौकरियों में भी आपकी सफलता आपके मन में ही इंतजार करती रहती है। अपने काम में अहमियत जोड़ें इससे आप उन शक्तियों को गति प्रदान करते हैं जो आपके दिमाग की अवधारणाओं को जीवन की वास्तविकताओं में बदल देती हैं।
-नेपोलियन हिल, 1883-1970

***

मैं करूंगा

मैं आज के दिन को सार्थक बनाऊंगा।

मैं अतीत को पीछे छोड़ दूंगा, इसे केवल एक ऐसे अहम रास्ते के रूप में याद रखूंगा जिस पर मैं चलकर यहां तक पहुंचा हूं।

मैं आज के दिन के कामों को अपना सर्वश्रेष्ठ देने की व्यक्तिगत प्रतिज्ञा के साथ रुचि और उत्साह के साथ करूंगा।

मैं वो काम करूंगा जिसमें मैं पहले विफल रह चुका हूं। मैं नए कामों को करने का प्रयास करूंगा, क्योंकि अब मुझे पता है कि मैं उन्हें कर सकूंगा। मैं आगे बढ़ूंगा।

मैं आज उमंग भरे दिल और ठंडे दिमाग से काम करूंगा। जब मुझे उदासी महसूस होगी तो मैं मुस्कुराऊंगा। जब मुझे किसी को डांटने की इच्छा होगी, तो मैं धैर्य रखूंगा। मैं अपनी कमान अपने पास रखूंगा।

मैं जिस व्यवसाय के लिए परिश्रम करता हूं, उसके प्रति निष्ठावान रहूंगा। मुझे जिन बातों पर विश्वास है, मैं उनके प्रति पूरा वफादार रहूंगा। मैं छोटे से छोटे काम में महारत हासिल कर लूंगा।

मैं अपनी शक्ति को बढ़ाऊंगा-प्रयास अधूरा नहीं छोड़ूंगा। मैं काम करूंगा-केवल इरादा नहीं। मैं दिए गए काम को पूरा करके ही छोड़ूंगा।

मैं काम करूंगा, क्योंकि मुझे काम करना पसंद है। मैं निष्पक्ष और ईमानदार रहूंगा, क्योंकि जीत हासिल करने का दूसरा कोई रास्ता नहीं है। मैं सही काम करूंगा, क्योंकि ऐसा करना ही सही है। मैं हार को, अगर कभी-कभार आए, तो अच्छी दवा समझ कर पी लूंगा। मैं साहस के साथ प्रयास करूंगा, मेहनत करूंगा। मैं हर बार सफल होने के लिए दृढ़ संकल्प हूं।

मैं अपने समय का ध्यान रखूंगा, अपने स्वास्थ्य का ख्याल रखूंगा, अपने सम्मान का ख्याल रखूंगा।

मैं आज जिस किसी के संपर्क में आऊंगा, उन सभी का दिन शानदार बनाने में मदद करूंगा।

मैं उन लोगों के लिए काम करूंगा जिनकी मैं पूरे दिल, दिमाग और अपनी पूरी ताकत से सेवा करता हूं। क्योंकि मेरे काम, व्यवसाय की महिमा और सफलता में मेरा अपना गौरव और सफलता छिपी हुई है।

मैं इस दिन को सार्थक बनाऊंगा।

***

जिन अनैतिक कामों से न तो आनंद मिलता है और न ही जिनमें अधिक मेहनत करनी पड़ती है, उनको करने के बजाय पराक्रम भरे काम करने का साहस करना और विफल होना कहीं बेहतर है, क्योंकि अनैतिक कार्य करने वाले लोग उदासी के ऐसे धुंधलके में जीते हैं जहां जीत-हार का कोई अर्थ ही नहीं होता है।

-थियोडोर रूजवेल्ट, 1858-1919

सपने तब सच होते हैं जब इच्छा उन्हें ठोस कार्य में बदल देती है। जीवन से महान उपहार मांगें और तभी आप जीवन को उन्हें आप तक पहुंचाने के लिए प्रोत्साहित करते हैं।

-नेपोलियन हिल, 1883-1970

यदि आपको सफलता की यात्रा पर आगे बढ़ना है, तो जोखिम लेना जरूरी है। कभी भी जोखिम न लेने की तुलना में दस बार जोखिम लेकर अंतत: सफल होना बेहतर है।

-डॉन एम. ग्रीन, कार्यकारी निदेशक
नेपोलियन हिल फाउंडेशन

***

संभावनाएं

संभावनाएं दिखते ही उन्हें हथिया लें।

क्योंकि ऐसा करना लक्ष्य के बिलकुल करीब पहुंचना, संभावना का उपलब्धि में बदलना है, जो प्रयास करने वाले व्यक्ति को उस उद्देश्य के संघर्षपूर्ण तथ्य की ओर ले जाता है जिसके बारे में उसने सपना देखा था, जिसके बारे में योजना बनाई थी और जो पूरा हुआ था।

न्यूनतम संभावना का लाभ उठाएं।

संभावना को देखें, फिर इसे हथियाएं! फिर इसे आत्मसात करें। यह याद रखना है कि देखी और आत्मसात की गई संभावनाएं ही विचारों को जन्म देती हैं, प्रभावशाली चरित्र बनाती हैं और सफलता सुनिश्चित करती हैं।

छोटी-छोटी, नगण्य बातों पर महारत हासिल करें। और फिर अपने काम में बड़ी-बड़ी बातें दिखाई देने लगेंगी, बिल्कुल स्पष्ट, सटीक, प्रबंधित करने योग्य। यह विशेष रूप से छोटे कामों को करते हुए बड़े कामों की शुरुआत करने वालों के लिए सच है। किए गए कार्य मनुष्य को मिली संभावनाओं की अहमियत तय करते हैं।

बहुत धैर्य और साहस से तलाशी गई छोटी-छोटी संभावनाओं के बीच ही दुनिया के बड़े-बड़े काम छिपे हुए होते हैं। यदि अतीत की संभावनाएं उपेक्षित, हाथ से निकल गई, या दिखाई न दी हों, तो सामने से भविष्य की संभावनाएं आपकी ओर अप्रत्यक्ष रूप से आती हैं, लेकिन वे तैयार रहती हैं। उन्हें खोजें, उनका अनुसरण करें। फिर उन्हें थामकर रखें–'हमेशा के लिए।'

सफलता संभावनाओं के पीछे-पीछे चलती है और काम सफल हो जाते हैं।

आप आज से ही संभावनाओं का पीछा करें। नई संभावनाओं को तलाशें, उन्हें हथियाएं और आज से ही उन पर काम करें। उनसे केवल आज के लिए नहीं, बल्कि लंबे समय के लिए कुछ सार्थक बनाएं।

संभावनाएं दिखाई देते ही उन्हें हथिया लें।

***

दूरी मायने नहीं रखती, केवल पहला कदम ही कठिन होता है।
-मैरी डे विची-चामरोंड
मार्क्विस डू डेफैंड, 1697-1780

समय एक कुशल कार्यकर्ता है जो हार और निराशा के घावों को भर देता है, सभी गलतियों को ठीक कर देता है और सभी गलतियों को संपत्ति में बदल देता है, लेकिन यह केवल उन लोगों का साथ देता है जो विलंब नहीं करते, टाल-मटोल नहीं करते और निश्चित उद्देश्य के साथ कुछ पहले से सोचे हुए लक्ष्य पाने के लिए आगे बढ़ते हैं। पल-पल, घड़ी की सुइयों के साथ-साथ हर इंसान दौड़ लगा रहा है। विलंब का अर्थ है हार, क्योंकि कोई भी व्यक्ति खोए हुए समय में से एक सेकंड की भी भरपाई नहीं कर सकता है।

निर्णय लें और तत्परता के साथ आगे बढ़ें, समय आपका साथ देगा। यदि आप झिझकते हैं या एक ही जगह पर खड़े रह जाते हैं, तो समय आपको धक्का देकर आगे निकल जाएगा। समय बचाने का एकमात्र तरीका यह है कि इसे समझदारी से खर्च किया जाए।

आप मुझे बताएं कि अपने खाली समय का उपयोग कैसे करते हैं और आप अपना पैसा किस तरह खर्च करते हैं, और मैं आपको बताऊंगा कि आज से दस साल बाद आप कहां और क्या होंगे।
-नेपोलियन हिल, 1883-1970

***

तत्परता

समय का ध्यान रखें।

वाटरलू की लड़ाई में फ्रांसीसी सेना के मार्शल ग्राउची की देरी के कारण ब्लूचर के पास वेलिंगटन की मदद के लिए अपनी सेना को तैनात करने का समय मिल गया था। नेपोलियन ने समय पर सही आदेश दिया। लेकिन, यदि जिस व्यक्ति को उसने आदेश दिए थे, उसने भूल न की होती, देरी न लगाई होती और झिझका न होता तो 1815 से यूरोप का पूरा इतिहास ही बदल गया होता।

समय का ध्यान रखें।

किसी भयानक दुर्घटना के बाद सबसे सबसे ज्यादा दिया जाने वाला स्पष्टीकरण है, 'विलंब हो गया था।' मिस्टर लेट यानी विलंब करने वाले व्यक्ति के कारण न जाने कितने लोगों की जान गई है, देरी करने वाले कितने ही पुरुषों और महिलाओं को पद और सम्मान से वंचित किया गया है। मिस्टर लेट बहुत अनकही पीड़ा और अपमान सहना पड़ता है। तत्परता बहुत अधिक फायदेमंद है।

समय का ध्यान रखें।

तत्परता का अर्थ है जब काम पर आपका नाम पुकारा जाए तो आप वहां तुरंत उपस्थित रहें-आसपास नहीं, बल्कि उसी जगह पर।

समय का ध्यान रखें।

समय के ठोके एकसमान गति से चलते रहते हैं। नौकरी, नियुक्ति, आदेश, मित्र, अवसर-समय पर उत्तर न देने वाले व्यक्ति की प्रतीक्षा नहीं करते हैं।

समय का ध्यान रखें।

आलसियों की जीत नहीं होती। अपने समय और अपने वचन का पालन करने वाले व्यक्ति के लिए दुनिया अपनी सभी अद्भुत पेशकशों के साथ हाजिर रहती है। उसे विकल्प चुनने का मौका देती है।

समय का ध्यान रखें।

हर दिन अपने डेस्क पर समय पर पहुंचें। प्रत्येक दिन, प्रत्येक अपॉइंटमेंट पर समय पर पहुंचें। महानता की राह हर सुबह अपने नाश्ते की मेज पर समय पर उपस्थित होने से शुरू होती है। वैसे भी दिन की शुरुआत यहीं से होती है।

समय का ध्यान रखें।

***

हारने वाले विफलता के कारण मिलने वाली सजा की कल्पना करते हैं। विजेता सफलता के बाद मिलने वाले पुरस्कारों की कल्पना करते हैं।

-डॉ. रोब गिल्बर्ट

ऑटोसजेशन नियंत्रण से कोई भी व्यक्ति स्वेच्छा से अपने अवचेतन मन को रचनात्मक प्रकृति के विचार दे सकता है या, इसकी उपेक्षा करके, विनाशकारी प्रकृति के विचारों को अपने मन के समृद्ध बगीचे प्रवेश करा सकता है।

-नेपोलियन हिल, 1883-1970

नेपोलियन हिल ने 1937 में अपनी क्लासिक बेस्टसेलर थिंक एंड ग्रो रिच लिखी। यह किताब जबरदस्त सफल रही। महामंदी के दौरान इसे तीन बार मुद्रित किया गया और कीमत थी 2.50 डॉलर की ऊंची कीमत पर। लेखक ने लिखा है कि विचार वास्तव में चीजें हैं। यह पहले एक विचार है फिर एक चीज है।

-डॉन एम. ग्रीन, कार्यकारी निदेशक
नेपोलियन हिल फाउंडेशन

***

विचार

विचार तब घटित होते हैं जब आपका मस्तिष्क व्यस्त रहता है। इसके अलावा, विचार सेवक हैं जो दिमाग द्वारा सुझाए गए कार्यों को आकार देने और पूरा करने के लिए भेजे जाते हैं।

अपने विचारों को सकारात्मक दिशा दें।

विचार कभी विरासत में नहीं मिलते। विचार व्यक्तिगत होते हैं और पूरी तरह आपके अपने होते हैं, आप उन्हें बनाते हैं। तो, अपने विचारों के लिए आप ही जिम्मेदार हैं। उत्साहपूर्वक उनकी देखभाल करें। उन्हें साफ और स्वस्थ रखें।

अपने विचारों को सकारात्मक दिशा दें।

विचार भाग्य के मुख्य निर्माता हैं। और जैसे मूर्तिकार की छेनी पत्थर को काटकर मूर्ति को आकार देती है, वैसे ही विचार आपके चरित्र को काटते और आकार देते हैं। और कोई भी व्यक्ति विचारों के काम को नहीं बदल सकता है। विचार घटनाओं के संदेशवाहक हैं।

अपने विचारों को सकारात्मक दिशा दें।

अपने विचारों को प्रशिक्षित करें। उन्हें व्यवस्थित करें। उन्हें एकाग्र करें। उनसे कसरत करवाएं। उनकी रक्षा करें। केवल आपके विचारों से ही समाज में आपकी गरिमा है। क्योंकि आपके विचार आपके सबसे अच्छे साथी हैं। यदि विचारों को दूषित करेंगे उनके साथ विश्वासघात करेंगे तो आप बेकार साबित हो जाएंगे। आपको दरकिनार कर दिया जाएगा।

अपने विचारों को सकारात्मक दिशा दें।

जैसे-जैसे आपके मन की शक्ति बढ़ती है, आपके विचारों की शक्ति भी बढ़ती जाती है। इसलिए, अपने दिमाग को संतुष्ट और आनंदित करने वाले विचारों से भरने में ही बुद्धिमानी है। हर किसी के जीवन में हर दिन आने वाले तनाव और अव्यवस्था भरे पलों में हमारे सकारात्मक विचार ही हमें ताकत देते हैं, हमारी रक्षा करते हैं।

***

साहसी बनें, प्रभावशाली ताकतें आपकी सहायता के लिए खुद ब खुद आएंगी।

-बासिल किंग

आप इस पुस्तक के पन्नों पर जो बेहतरीन विचार पढ़ रहे हैं वे संघर्ष और कठिनाई से पैदा हुए हैं।

इतिहास के पन्नों को पलटकर देखें तो आपको मालूम होगा कि सभ्यता की शुरुआत से ही वे ही स्त्री और पुरुष अमर रहे, जिन्होंने कठिन संघर्ष और प्रयास किए। विफलताओं का सामना किया।

संघर्ष, कठिनाई और विफलताओं का सामना किए बिना ही लोगों के जाने के बाद संगमरमर के स्मारक बन सकते हैं, लेकिन जो लोग अपने साथियों के दिलों में स्मारक बनाएंगे, उन्हें न तो तत्वों की विघटनकारी ताकतें और न ही मनुष्य के अपमानजनक हाथ नष्ट कर पाएंगे, उन्हें बलिदान और संघर्ष में इसकी कीमत चुकानी होगी!

जिसके पास है उसे दिया जाएगा, और जिसके पास नहीं है उससे वह भी ले लिया जाएगा जो उसके पास है।

मानव स्वभाव के बारे में इससे अधिक सत्य कुछ भी नहीं है। समान चीजें एकदूसरे को आकर्षित करती हैं। धन, धन को आकर्षित करता है और गरीबी, गरीबी को। यही मानव स्वभाव है।

-नेपोलियन हिल, 1883-1970

***

लड़ाई

सबसे बड़ी लड़ाइयां वे हैं जो आप प्रतिदिन अपने अंतर्मन या आत्मा से करते हैं। यह लड़ाई होती है क्रोध, झूठ, गलत आदतों, गलत निर्णयों, खराब स्वास्थ्य और परिस्थितियों के विरुद्ध। यह लड़ाई निरंतर चलती रहती है। लड़ाई इस बात के लिए चलती रहती है कि आदमी आदेश का पालन कर रहा है, यह जानने के लिए मस्तिष्क और शारीरिक तंतुओं का कितना परीक्षण किया जा सकता है।

नायक यानि हीरो हर दिन हमारे आसपास से गुजर जाते हैं, लेकिन हमको पता ही नहीं चलता।

चरित्र और शक्ति संघर्ष से मिलती है। हीरे की तरह, आप कठिनतम परिश्रम और प्रयासों के बाद ही कीमती बनते हैं। हम सभी को निखरकर बाहर आने, शानदार और प्रेरणादायक दिखने पहले हीरे की तरह कटाई, छटाई और चमकाने की जरूरत पड़ती है।

लेकिन, लड़ते समय मन में उदासी और खटास नहीं होनी चाहिए। क्योंकि हम हारकर भी कुछ न कुछ अवश्य जीतते हैं। मुख्य बात है मुस्कुराते रहना, और लड़ाई के लिए सुसज्ज रहना। क्रॉमवेल के शब्दों में, 'भगवान पर भरोसा रखें और हर कार्रवाई के लिए तैयार रहें।' लड़ाई का स्वागत करें, क्योंकि यह आपके जीवन में चलती ही रहती है। प्रत्येक छोटी झड़प की योजना सावधानी और साहस के साथ बनाएं। बाहरी भीड़ से बेपरवाह रहें। उन विनाशकारी शक्तियों पर ध्यान केंद्रित करें जो आपको चुनौती देती हैं और उनसे अंत तक लड़ें। तो फिर एक और लड़ाई के लिए तैयार हो जाइए। अपने ही खेमे में असहमत लोगों को जवाब दें। परन्तु अपना सारा ध्यान शत्रु की ओर रखें। चाहे वह किसी भी रूप में आपसे लड़ रहा हो।

हमेशा जीतने के लिए लड़ें!

दृढ़ता से और धैर्यपूर्वक अपने मन के आदेश पर बंदूकें लोड और रीलोड करके आप एक अनुभवी सैनिक बन जाते हैं। धीरे-धीरे युद्ध के

जटिल नियम और सिद्धांत आपके लिए अधिक सरल और समझने योग्य हो जाते हैं। आप एक लीडर और विजेता महसूस करने लगते हैं। इस प्रकार पूरे धैर्य के साथ हमारे द्वारा हर घंटे लड़ी जाने वाली लड़ाई हम सभी को वास्तविक पुरुष और स्त्री बनाती है।

***

जब हम किसी व्यक्ति के बारे में यह कहावत सुनते हैं, 'वह वास्तव में सामाजिक है' तो इसका अर्थ होता है वह व्यक्ति मिलनसार, स्नेही और आकर्षक है। सामाजिक व्यक्ति के साथ लोगों को सहजता का अनुभव होता है और उनको महत्त्वपूर्ण होने का एहसास कराता है।

लेकिन कोई भी सामाजिक व्यक्ति बन सकता है। इससे मेरा तात्पर्य ऐसे व्यक्ति से है जो मानवीय सरोकारों को अहमियत देता है, जो अपने साथियों से इंसान के रूप में देखता है, साधन के रूप में नहीं।

यहां तक कि सबसे अंतर्मुखी व्यक्ति भी यदि लगातार प्रयास करता है और विशेष रूप से यदि वह मनुष्य की सबसे बड़ी शक्ति-प्रार्थना की शक्ति का उपयोग करता है, तो वह भी सामाजिक व्यक्ति हो सकता है। बहिर्मुखी लोगों के लिए यह इतना कठिन नहीं है। यदि आप दिल से लोगों के प्रति समर्पित व्यक्ति हैं और उसी अनुसार कार्य करते हैं, तो दूसरे लोग आपसे प्रभावित होंगे ही।

लीडर्स के लिए, चाहे वे अधिकारी हों, सेल्स मैनेजर हों, माता-पिता हों या मित्र हों, एक सच्चा सामाजिक व्यक्तित्व विकसित करने की इच्छा रखना नितांत आवश्यक है। आप दूसरों के साथ अपने व्यवहार में सकारात्मक मानसिक दृष्टिकोण विकसित करके एक सच्चे इंसान सामाजिक व्यक्ति बन सकते हैं। आप उनका ख्याल रखेंगे और उनके साथ वैसा ही व्यवहार करेंगे जैसा आप चाहते हैं कि आपके साथ किया जाए।

-डब्ल्यू. क्लेमेंट स्टोन, 1902-2002

दूसरों की सराहना करना अच्छा विचार है जिसका प्रतिफल मिलता ही है। अच्छा काम करना न केवल उचित है, बल्कि दूसरों की सराहना करने वाला व्यक्ति अपने बारे में बेहतर महसूस करता है।

दूसरों की सराहना करने के लिए एक साधारण धन्यवाद भी पर्याप्त हो सकता है। जिस व्यक्ति ने अच्छा काम किया हो उसे धन्यवाद कार्ड देकर उसके काम की प्रशंसा की जा सकती है, या कोई और तरीका अपनाया जा सकता है।

-डॉन एम. ग्रीन, कार्यकारी निदेशक
नेपोलियन हिल फाउंडेशन

***

प्रशंसा

प्रशंसा वह नमक है जो दुनिया और जीवन का स्वाद बढ़ाती है। हम जो करते हैं और हमारे लिए जो किया जाता है उसकी प्रशंसा किए बिना, बहुत छोटा-सा काम भी बोझ बन जाएगा और लोग निराश हो जाएंगे।

प्रशंसा करें।

अक्सर प्रशंसा या सराहना इस डर से नहीं की जाती कि कहीं लोग इसका फायदा न उठा लें।

प्रशंसा करें। इससे अधिक मूर्खतापूर्ण विचार कुछ नहीं हो सकता। प्रशंसा मशीन के सूखे, घिसे-पिटे पुर्जों में चिकनाई की तरह काम करती है। इसकी शुरुआत मुस्कान से होती है। निरंतर प्रशंसा और सराहना करते रहने से काम सुचारू रूप से चलता रहता है। साथ ही यह टकराव से भी बचाती है।

प्रशंसा करें।

लोग लगातार काम करते-करते थक जाते हैं, आधी-अधूरी सेवा देते हैं और अंतत: सराहना की कमी के कारण सफलता और प्रगति की दौड़ में पीछे रह जाते हैं। प्रशंसा न केवल पृथ्वी पर सबसे शक्तिशाली टॉनिकों में से एक है, वास्तव में एक आवश्यक भोजन है। और इसके बिना व्यक्ति का आहार संतुलित नहीं बन पाता।

प्रशंसा करें।

यदि आप एक नियोक्ता हैं और आपका कोई सहायक अच्छा काम करता है, तो यह बात उससे कहें। और यदि आप एक सहायक हैं और आपका नियोक्ता आपको प्रोत्साहित करता है, तो अपनी सेवाएं बढ़ाकर उसे धन्यवाद दें। प्रशंसा उत्साहित और उत्तेजित करती है। यह मनुष्य की आत्मा में विद्युत प्रवाह की तरह संवेदनशील तंत्रिका केंद्रों तक जाती है।

प्रशंसा करें।

आपको जीने का अवसर मिला है, उसकी सराहना करें। अपने स्वास्थ्य, अपने घर, अपने माता-पिता, अपने दोस्तों, अपने अवसर की सराहना करें।

हो सकता है इनमें से कुछ आपके पास न हों, लेकिन जो आपके पास है उसकी सराहना करें और आपको उपहार में कुछ न कुछ मिलता ही जाएगा।

***

आप डंडे के जोर पर नेतृत्व नहीं कर सकते। यह हमला होगा, नेतृत्व नहीं।
—ड्वाइट डी. आइजनहावर, 1890-1969

आशावाद एक आकर्षक व्यक्तित्व के महत्त्वपूर्ण लक्षणों में से एक है। लेकिन यह मुख्य रूप से अन्य लक्षणों से बनता है, जैसे अच्छा हास्य-बोध, आशा, डर पर काबू पाने की क्षमता, संतुष्टि, सकारात्मक मानसिक दृष्टिकोण, लचीलापन, उत्साह, विश्वास और निर्णय लेने की क्षमता।

याद रखें कि कोई भी निराशावादी व्यक्ति महान नेता या सफल व्यक्ति नहीं बन सकता। निराशावादी नेता अपने अनुयायियों से निराशा और हार के अलावा और क्या वादा कर सकता है? गृहयुद्ध के अत्यंत विकट दिनों में भी अब्राहम लिंकन और रॉबर्ट ई. ली जैसे दोनों पक्षों के नेताओं ने यह विश्वास रखा कि बेहतर दिन आएंगे।

फ्रैंकलिन डी. रूजवेल्ट के स्वाभाविक आशावाद ने मंदी की गहराई में डूबे एक निराश राष्ट्र में आशा की एक नई भावना का संचार किया।

लीडर बनें, न्याय करें।

नेता का पहला गुण है निर्णय लेने और उनकी जिम्मेदारी स्वीकार करने की इच्छा। दूसरा गुण है न्यायप्रिय होना। यह गुण पहले गुण से जुड़ा हुआ ही है।

—नेपोलियन हिल, 1883-1970

हेनरी फोर्ड ने कहा, 'यदि आप सोचते हैं कि आप कर सकते हैं या सोचते हैं कि आप नहीं कर सकते, तो आप सही हैं।'

आपने अपने जीवन में जिन कामों को महत्त्वपूर्ण माना है उसके लिए दूसरों को यह निर्धारित न करने दें कि आप उन कामों को कर सकते हैं, या नहीं कर सकते।

—डॉन एम. ग्रीन, कार्यकारी निदेशक
नेपोलियन हिल फाउंडेशन

***

नेतृत्व

नेतृत्व का सबसे बड़ा गुण होता है साहस। कायर लोग कभी नेतृत्व नहीं करते। नेतृत्व के लिए अत्यधिक धैर्य चाहिए। चिड़चिड़े या अधीर नेता का अनुसरण कोई भी नहीं करेगा। नेतृत्व के लिए चातुर्य, निष्पक्षता और आत्मविश्वास की आवश्यकता होती है। जब तक भरोसा न हो, कोई दूसरे का नेतृत्त्व नहीं स्वीकारता। नेतृत्त्व के लिए कई और भी बातें जरूरी होती-लेकिन ये अनिवार्य हैं।

नेतृत्व करें।

एक लीडर को अपने अनुयायियों को प्रेरित करना चाहिए, उसकी सोई हुई शक्तियों को जगाना चाहिए। उसे लोगों के उच्चतम गुणों को सक्रिय करने में सक्षम होना चाहिए। ऐसा करने के लिए उसका अपना रिकॉर्ड अच्छा होना चाहिए। व्यक्ति का जब तक खुद पर अधिकार न हो, वह लोगों को आदेश नहीं दे सकता। लोगों को सक्रिय करने से पहले व्यक्ति को स्वयं सक्रिय होना होगा। अपने आप पर नियंत्रण रखना होगा।

नेतृत्व करें।

अपने घर या शहर का नेतृत्त्व करना भी उतना ही महत्त्वपूर्ण है जितना कि अपने देश का नेता बनना। किसी विशेष क्षेत्र का नेतृत्व करने से ही व्यक्ति का काम महत्त्वपूर्ण नहीं कहलाता, बल्कि यह बात महत्त्व रखती है कि वह किस तरह नेतृत्व करता है। यह बात सच है कि यदि आप जीवन के छोटे-छोटे मामलों में अच्छा नेतृत्व करते हैं तो आप बड़े मामलों में भी एक अच्छे लीडर बन सकते हैं।

नेतृत्व करें।

***

दृष्टि अदृश्य चीजों को देखने की कला है।
-जोनाथन स्विफ्ट, 1667-1745

रचनात्मक दृष्टि का आधार ब्रह्मांडीय भावना है जो मनुष्य के मस्तिष्क के माध्यम से अपने आपको व्यक्त करती है।
-नेपोलियन हिल, 1883-1970

रचनात्मक दृष्टि भौतिक वस्तुओं में रुचि तक सीमित नहीं है, उससे आगे भी विस्तारित है। यह अतीत के आधार पर भविष्य का आकलन करता है और अतीत से अधिक भविष्य की चिंता करता है। कल्पना तर्क और अनुभव की शक्तियों से प्रभावित और नियंत्रित होती है। रचनात्मक दृष्टि इन दोनों की परवाह नहीं करता और मूल रूप से नए विचारों और तरीकों से अपने लक्ष्य को प्राप्त करता है।

आपकी कल्पना सीमाओं, बाधाओं और विरोध को पहचानती है। लेकिन, रचनात्मक दृष्टि इन पर इस तरह हावी रहती है मानो इनका अस्तित्व ही न हो और अपने गंतव्य पर पहुंच जाता है। मनुष्य की बुद्धिमत्ता में कल्पना शामिल रहती है। रचनात्मक दृष्टि का आधार ब्रह्मांडीय भावना है, जो मनुष्य के मस्तिष्क के माध्यम से खुद को व्यक्त करती है। इस अंतर को अच्छी तरह समझ लें।
-नेपोलियन हिल, 1883-1970

***

दृष्टि

दृष्टि देखने की क्रिया या गतिविधि है। वृहद दृष्टि का अर्थ है कि आप घटना घटित होने से पहले ही अपनी कल्पना के माध्यम से उसे पूरा होते हुए देख लेते हैं। दृष्टि, कल्पना से भिन्न होती है। इसकी शुरुआत कल्पना से होती है। कल्पना तस्वीरें लेती है लेकिन दृष्टि उन्हें आर्किटेक्ट्स को सौंप देती है जो उनकी मदद से चीजें बनाती है। दूरदर्शी लोग प्रभावशाली होते हैं।

चौकस रहें।

अपने विचार एकत्र करें। क्योंकि विचारों के अंकुरण के लिए दृष्टि जरूरी होती है। वे इसे मज्जा और रक्त देते हैं, इसको ऊर्जा देते हैं, इसकी नसों को नियंत्रित करते हैं, इसके दिल को सक्रिय रखते हैं। विचार, दृष्टि को जीवंत बना देते हैं।

चौकस रहें।

अपनी दृष्टि का तिरस्कार करते ही आप मजदूर की तरह बन जाएंगे, दूसरों पर आश्रित और दूसरों का स्वामित्व होगा आप पर। अपनी दृष्टि का स्वागत और सम्मान करें तो आप एक मास्टर बन जाते हैं। असीमित शक्ति के स्वामी। दो स्वस्थ आंखों की दृष्टि आशावाद है।

चौकस रहें।

दृष्टि सबसे विनम्र व्यक्ति को मिलती है, और ऐसा ही व्यक्ति इसे प्राप्त कर सकता है। इसका न तो कोई पेटेंट है और न ही कॉपीराइट। आजादी के अर्थ में बात करें तो यह 'घुमक्कड़' है। लेकिन इसे खोजा जाना चाहिए, पाया जाना चाहिए और फिर खिलाया और पहनाया जाना चाहिए। बिना खोजे किसी को भी दृष्टि नहीं मिलती।

आपकी दृष्टिकोण बड़ी या छोटी-कैसी होगी ये आप तय करेंगे। आप जितनी बड़ी आकांक्षा करेंगे, आपका दृष्टिकोण उतना ही बड़ा होगा। आप जितना दूर तक देखेंगे, उतनी ही अधिक वृहद दृष्टि मिलेगी। दृष्टिकोण आपके कृत्यों में स्थायित्व लाता है।

चौकस रहें।

***

सच्चा मौन मन के लिए विश्राम की तरह है, यह आत्मा के लिए वही है जो शरीर के लिए नींद, पोषण और ताजगी है।
-विलियम पेन, 1644-1718

मैं इस बात से सहमत हूं कि बहुत अधिक बोलना और बहुत कम सुनना बड़ी बुराइयों में से एक है। चतुराई से लोगों को बातचीत में शामिल करके, जो कि ज्यादातर मामलों में कोई मुश्किल काम नहीं है, आप यह पता लगा सकते हैं कि दूसरे के मन में क्या चल रहा है। अपना मुंह बंद रखने और अपने कान खुले रखने से आपको उस व्यक्ति के मुकाबले अधिक लाभ मिल सकता है, जो बिना सोचे-समझे उत्साह के साथ बातें करता चला जाता है।
-नेपोलियन हिल, 1883-1970

***

सुनें

सुनने का अर्थ है सीखना। बड़े कामों को अंजाम देने वाले लोग अक्सर बहुत कम बोलते हैं, लेकिन वे हमेशा अच्छे श्रोता होते हैं। कोई भी व्यक्ति कहीं से भी, बहुत अधिक ज्ञान हासिल कर सकता है, बशर्ते वह सुनने के लिए समय निकाले। लेकिन साथ ही यह भी जरूरी है-

आप जो सीखें उसे आत्मसात करें।

जनरल यू.एस. ग्रांट बहुत प्रतिभाशाली व्यक्ति नहीं थे। वह बिजनेस में विफल साबित हुए। लेकिन उनमें अद्भुत दृढ़ संकल्प और हठधर्मिता का गुण था। उनमें कठिन, अप्रिय और खतरनाक स्थितियों से प्रभावी ढंग से निपटने की क्षमता थी। और आज न्यूयॉर्क में, हडसन के पानी के ऊपर, खूबसूरत रिवरसाइड ड्राइव के साथ, ग्रांट का मकबरा खड़ा है-सैनिक और राष्ट्रपति के रूप में ग्रांट के जीवन और कार्य का मूक प्रमाण। वह इतने अद्भुत श्रोता थे कि राष्ट्रपति रहते हुए उन्हें 'द साइलेंट प्रेसिडेंट' के नाम से जाना जाने लगा।

आप जो सीखें उसे आत्मसात करें।

अच्छी तरह सुनना एक बड़ी उपलब्धि है। जो व्यक्ति दूसरे की बात सुने बिना अपनी ही कहता रहता है, उससे बड़ा अज्ञानी कोई नहीं। जो व्यक्ति बिना कुछ कहे अपनी बात कह जाता है, वह उस अज्ञानी से बेहतर है जो लगातार बोलते ही चला जाता है। यदि आपके पास कहने के लिए कुछ है-तो अवश्य बोलें। यदि आपके पास कहने के लिए कुछ नहीं है, तो सुनें।

आप जो सीखें उसे आत्मसात करें।

ऐसे लोगों को चुनें जिनकी बातें आप सुन सकते हैं। सम्मान और खुले दिमाग से सुनें। नए विचारों, नए सिद्धांतों और नई योदनाओं का स्वागत करें। मन लगाकर सुनें। जो बात आपको न जंचे उसे अस्वीकार करने का अधिकार आपके पास है। लेकिन हमेशा सुनने के लिए अपना दिल बड़ा रखें। और फिर

आप जो सीखें उसे आत्मसात करें।

***

'बेस्ट ड्रेस्ड' व्यक्ति आमतौर वह होता है जिसके परिधान और बाकी सहायक सामग्री सुरुचिपूर्ण ढंग से चुनी गई होती हैं और पूरा पहनावा इतना अच्छी तरह से सामंजस्यपूर्ण होता है कि वह व्यक्ति अपनी व्यक्तिगत सजावट के कारण अनुचित ढंग से लोगों का ध्यान आकर्षित नहीं करता।
–नेपोलियन हिल, 1883-1970

आप कैसे कपड़े पहनते हैं इसका भी इस बात पर बेहद प्रभाव पड़ सकता है कि दूसरे आपके बारे में कैसा महसूस करते हैं। कपड़े पहनने का एक पक्का नियम यह है कि आप मौके के मुताबिक कपड़े पहनें। विज्ञापन एजेंसी के लोगों के लिए 'कैजुअल ड्रेस' का मतलब जींस और शॉर्ट्स हो सकता है, जबकि वकीलों की सभा में इन्हीं शब्दों का मतलब स्पोर्ट्स जैकेट या ब्लेजर और पतलून हो सकता है। यदि आपको संदेह हो, तो पूछकर पहनें। किसी मौके के मुताबिक यदि ड्रेस न पहना गया हो, यानि जरूरत से ज्यादा या कम कपड़े पहनने से असहजता महसूस होती है।

यही बात कामकाजी परिधान पर भी लागू होती है। एक कंपनी में स्वीकार्य परिधान दूसरी कंपनी के लिए पूरी तरह अनुपयुक्त हो सकते हैं। यदि आप किसी संस्थान की संस्कृति में फिट होना चाहते हैं, तो देखें कि उसका मुखिया किस तरह की पोशाक पहनता है। उसी के अनुसार आप भी चलें। यदि वह एक उद्यमी है और टाई से परहेज करता है और विंगटिप्स के बजाय स्नीकर्स को प्राथमिकता देता है, तो सोच-समझकर उसका अनुसरण करें। वह सोच सकता है कि ऑफिस में इस तरह से कपड़े पहनना उसके लिए ठीक है, लेकिन परंपरागत कंपनियों में सेल्स कॉल करते समय सेल्स फोर्स के लिए इस तरह से कपड़े पहनना ठीक नहीं होगा, और फाइनेंस वाइस प्रेसिडेंट बिजनेस लंच में पिनस्ट्रिप के बजाय जींस पहनते है तो बैंकरों पर बहुत अधिक प्रभाव नहीं पड़ता है। आप जिस प्रकार का काम करते हैं और बिजनेस के दौरान सामान्य तौर पर जिस प्रकार के लोगों के आपके संपर्क में आने की संभावना है, उन पर आपकी पोशाक का भी प्रभाव पड़ना चाहिए। और फिर, मौके के मुताबिक परिधान का चयन करना मूलमंत्र है ही।
–डब्ल्यू. क्लेमेंट स्टोन, 1902-2002

***

परिधान

व्यक्ति को अपने परिधानों का बड़ा ध्यान रखना चाहिए! सफलता उसके कदम चूमेगी। परिधान भले ही व्यक्ति को नहीं बनाते, लेकिन कोई व्यक्ति अपने परिधानों के माध्यम से अपना व्यक्तित्व आसानी से बना सकता है। परिधान-

अपने माध्यम से आपको, अपने आपको प्रकट करने में मदद करेंगे।

सबसे पहले तो परिधान आत्मसम्मान जगाते हैं। फिर भी, समझदार आदमी भी उनका ध्यान रखना भूल जाता है। और जब अपने परिधानों का ध्यान नहीं रखता, तो वे उसे बेनकाब कर देते हैं। वस्त्र-पूजा चरित्र को बदरंग कर उसकी चमक छीन लेती है। आखिरकार, कपड़े अधिकतर दिमाग की सुनकर पहने जाते हैं। अन्यथा हम अभी भी निर्वस्त्र रह सकते हैं। परिधान, मनुष्य के वास्तविक चरित्र का बहुत सटीक वर्णन करते हैं।

अपने कपड़ों के माध्यम से अपने आपको प्रकट करें।

आप ऐसा तब कर सकते हैं, जब आप अपने परिधान को एक साधन की तरह इस्तेमाल करें। और जाहिर है कि कोई भी साधन अंतिम नहीं होता है। वस्त्र और उनको पहनने का तरीका यानि स्टाइलिंग दो अलग-अलग बातें हैं। कपड़ों को पहनते समय उनका साफ-सुथरा होना और उन्हें पहनने के लिए इस्तेमाल किया जाने वाला कॉमन सेंस बहुत मायने रखता है। शेक्सपियर की सलाह मानें, 'जितनी आपकी जेब अनुमति दे, उतना ही खरीदें, सुव्यवस्थित, लेकिन भड़कीला नहीं।' इस सलाह में और कोई सुधार मुमकिन नहीं है।

अपने कपड़ों के माध्यम से अपने आपको प्रकट करें।

दूसरी ओर, आपके व्यक्तित्व और विशिष्टता को उजागर करने के लिए कपड़ों का सावधानीपूर्वक चयन करना आपकी प्रगति का एक सबसे शक्तिशाली साधन बन जाता है। परिधान प्रतिष्ठा दिलाते हैं। वे आपकी 'उपस्थिति' दर्ज करते हैं। सावधानीपूर्वक चुने गए सुरुचिपूर्ण परिधान पहने हुए पुरुष या महिलाएं लोगों को मानसिक रूप से तुरंत आकर्षित कर लेते

हैं। हालांकि, सबसे जरूरी बात यह है कि परिधान ऐसे पहनें कि लोग आपके कपड़ों में नहीं, बल्कि आप में दिलचस्पी लेने लगें।

अपने कपड़ों के माध्यम से अपने आपको प्रकट करें।

***

> यदि आपने हवा में महल बनाया है,
> तो आपका यह निर्माण बर्बाद नहीं होना चाहिए,
> उसे वहीं बना रहना चाहिए।
> अब आपका काम है उसके नीचे नींव रखना।
>
> –हेनरी डेविड थोरो, 1817-1862

किसी भी प्रयास में व्यक्तिगत तौर पर पहल करना सफल नेतृत्व का एक प्रमुख गुण है। एक सफल लीडर में यह गुण होना ही चाहिए। अपने नेतृत्व की गुणवत्ता को प्रभावी बनाने के लिए आपकी व्यक्तिगत पहल एक निश्चित संगठित योजना पर आधारित होनी चाहिए, एक निश्चित उद्देश्य से प्रेरित होनी चाहिए और अपने लक्ष्य का पीछा किया जाना चाहिए। व्यक्तिगत पहल और शानदार नेतृत्व का एक उदाहरण हेनरी जे कैसर हैं, जिन्होंने द्वितीय विश्व युद्ध के दौरान जहाजों के निर्माण में गति और दक्षता की उपलब्धि हासिल करके औद्योगिक जगत को आश्चर्यचकित कर दिया था। उनकी उपलब्धियां इसलिए और भी आश्चर्यजनक थीं क्योंकि उन्होंने पहले कभी जहाज नहीं बनाए थे। उनकी सफलता का राज उनकी नेतृत्व क्षमता में छिपा है।

–नेपोलियन हिल, 1883-1970

***

खोजें

भगवान ने इंसानों के सिर में दिमाग को सिर्फ एक सामान की तरह फिट नहीं किया है। दिमाग बिल्कुल महाद्वीपों की तरह हैं। दिमाग को खोज करने और उसका उपयोग करने के लिए बनाया गया है। इन्हें विचारों से आबाद करने के लिए बनाया गया है। लेकिन इससे पहले कि आप अन्वेषण के अपने अभियान पर निकलें, सुनिश्चित करें कि-

आपके पास एक दृष्टिकोण हो।

काम करने के लिए अपने प्राकृतिक दिमाग के अलावा, एक व्यक्तिगत दृष्टिकोण होना बहुत जरूरी है। आपका दृष्टिकोण ही आपके लिए सबकुछ है। इसमें से मनुष्य के जीवन की योजना और आदर्श की छवि उभरती है। खोजें।

एक दृष्टिकोण बनाएं।

एक व्यक्ति हजारों-हजार शब्दों को एकत्र करता है और तत्काल उपयोग के लिए एक भाषा बनती है। हम शब्दकोश का संकलन करने वाले अमेरिकी कोशकार नोवा वेबस्टर को नहीं भूल सकते। उन्होंने शब्दकोश बनाने की सारी मूलभूत तैयारियां कीं। फिर इमर्सन उनके साथ आए। पो पहुंचे। डिकेंस, मैकाले, स्कॉट और कई अन्य लोगों ने कदम से कदम मिलाते हुए वेबस्टर के टूल चेस्ट में प्रवेश किया। प्रत्येक ने अपने दृष्टिकोण से एक साहित्यिक करियर को आकार दिया। अन्वेषण करें। पता लगाएं।

एक दृष्टिकोण बनाएं।

पूरी दुनिया ओ. हेनरी की प्रतिभा के सामने सिर झुकाती है। लेकिन उनके अद्भुत शब्द उनके लगभग अतिमानवीय कार्यशील दृष्टिकोण के सामने कुछ भी नहीं हैं। उन्होंने अपनी छोटी-छोटी कहानियों में जिन लोगों को चित्रित किया है, वे लोग प्रिंट की दुनिया में अमर हो गए हैं। वह सदैव खोज और सिर्फ खोज में लगे रहते थे।

एक दृष्टिकोण बनाएं।

खोजें, सोचें, त्याग करें, अध्ययन करें, यात्रा करें, पढ़ें। खोज की भावना को अपने सिस्टम में लागू करें। लेकिन याद रखें कि अन्वेषण करने से आपको जो मिलता है, वही आपके अभियानों को सार्थक बनाता है। सबसे पहले-

एक दृष्टिकोण बनाएं।

***

मुझे अतीत का इतिहास नहीं, भविष्य के सपने देखना पसंद हैं।
— थॉमस जेफरसन, 1743-1826

'सफलता और विफलता आपके अपने दिमाग में होती है।'
जैसे ही आपके भीतर यह अद्भुत अनुभूति जाग जाती है, तो आपको जीवन की 12 महान संपदाएं हासिल हो जाएंगी:
1. एक सकारात्मक मानसिक दृष्टिकोण
2. अच्छा शारीरिक स्वास्थ्य
3. मानवीय रिश्तों में सामंजस्य
4. भय से मुक्ति
5. उपलब्धि की आशा
6. विश्वास की क्षमता
7. मदद करने की भावना
8. परोपकार करने की इच्छा
9. सभी के प्रति सहानुभूति
10. स्व-अनुशासन
11. लोगों को समझने की क्षमता
12. वित्तीय सुरक्षा

— नेपोलियन हिल, 1883-1970

***

सपने

अपने सपनों को पूरा करें।

सही सपना आपके किसी कार्य के अग्रिम एजेंट की तरह होता है। सपने मन में मौजूद विचारों की तस्वीरें हैं। पहल करने वाला व्यक्ति अपने विचारों को कार्यान्वित करता है और अपने सपने को पूरा करता है। स्वप्नदृष्टाओं ने ही इस दुनिया को रचा है।

अपने सपनों को पूरा करें।

लेकिन, जब आप सपना देखें, बहुत दूर का या बहुत बड़ा सपना न देखें। हवा में महल बनाने का सपना आपके किसी काम का नहीं होगा। सपने वही देखें, जिन्हें आप पूरा कर सकें। उन पर काम भी करें।

अपने सपनों को पूरा करें।

अपने सपनों की क्रमानुसार योजना बनाएं और जैसा कि आपने उन्हें क्रम दिया है तो आप जान सकें कि जब आपको उनकी आवश्यकता हो तो वे कहां मिलेंगे। स्पष्ट रूप से समझें कि वे कैसे हैं। उन्हें महसूस करें और फिर उन्हें पूरा करने के लिए पूरी मेहनत और अपने साधन लगा दें।

अपने सपनों को पूरा करें।

अपने बीते कल के सपनों को भूल जाएं। अपने आने वाले कल के सपनों को पूरा करने के लिए आज ही जुट जाएं। तो, वे भविष्य में पूरे हो सकेंगे।

अपने सपनों को पूरा करें।

***

हम अक्सर अपने आपराधिक जुनून पर भी गर्व करते हैं, लेकिन ईर्ष्या एक ऐसा शर्मनाक जुनून है, जिसे स्वीकार करने की हिम्मत हम कभी नहीं जुटा पाते।

-फ्रांस्वा दि ला रोशेफूकॉल्ड, 1613-1680

यह स्पष्ट है कि जो लोग द्वेष और ईर्ष्या से भरे हुए हैं उनके पास मानसिक शांति नहीं है, द्वेष और ईर्ष्या उनके जीवन को नष्ट कर देती है। विफलता अक्सर सफलता से नफरत करती है। सफल लोगों के साथ बात करते हुए मैंने अनुभव किया है कि वे अक्सर सफल लोगों का जिक्र करते हैं और उनकी तारीफ करते हैं। उनके भीतर ईर्ष्या का नहीं, बल्कि दूसरों से सीखने का भाव होता है। दूसरी ओर, विफल व्यक्ति सफल लोगों की आलोचना करना का मौका तलाशता रहता है। यदि उसे उस व्यक्ति में कुछ भी संदिग्ध नहीं लगता है, तो वह किसी और की ओर मुड़ जाता है। उसका द्वेष स्पष्ट रूप से दिखाई देता है, और दुखद तथ्य यह है कि ऐसा करके उसे कुछ भी हासिल नहीं होता, बल्कि वह अपनी मानसिक शांति को खो बैठता है।

-नेपोलियन हिल, 1883-1970

***

ईर्ष्या

एक इंसान के रूप में आपके मस्तिष्क में ऐसी चीजें बंद हैं जो पृथ्वी पर किसी और के पास नहीं हैं, या कभी नहीं थीं। और इसकी चाबी भी आपके पास है। यद्यपि सर्वशक्तिमान एक बहुत बड़े काम में व्यस्त है, वह साल-दर-साल लाखों इंसानों का निर्माण कर रहा है, लेकिन अभी तक कोई एक भी डुप्लिकेट इंसान खोज नहीं पाया है। प्रत्येक मनुष्य 'मौलिक' है। इसलिए, ईर्ष्या दूसरों को करने दें। आप-

ईर्ष्या से ऊपर उठें।

अब, ईर्ष्या किसी और का साथ पाकर अपनी अच्छी किस्मत के लिए उसे धन्यवाद देगी। ईर्ष्यालु होना अपने विकास को रोकना है। किसी और की जीत पर आपके मन में जिस हद तक ईर्ष्या होती है, उससे आपकी अपनी जीत उसी हद तक दूर हो जाती है। ईर्ष्या का मतलब है खुद पर डकैती डालना।

ईर्ष्या से ऊपर उठें।

जरा उन महान लोगों को याद करें, जो इस दुनिया में बड़े-बड़े काम कर रहे हैं। क्या वे लोग ईर्ष्यालु हैं? नहीं, उनके पास किसी से जलने का समय नहीं है। यदि बड़े लोग ईर्ष्या करने में समय लगा देते, तो वे अपनी सर्वोत्तम क्षमताओं का उपयोग उपलब्धियां हासिल करने में नहीं लगा पाते।

ईर्ष्या से ऊपर उठें।

यदि आप अन्य लोगों की सफलता से प्राप्त होने वाली संचित शक्ति का एहसास करेंगे तो आप कभी ईर्ष्या नहीं करेंगे। किसी और के सौभाग्यशाली होने पर खुश हों। इतने बुद्धिमान बनें कि इस प्रेरणा से आप ऊपर उठ सकें। व्यक्तिगत सफलता स्थिर नहीं है। इसकी कोई सीमा नहीं है। आज अपने मित्र को बधाई दें और हो सकता है कि वह कल आपको बधाई देने और इस अवसर से खुश होने की स्थिति में हो।

ईर्ष्या से ऊपर उठें।

***

कल्पना मनुष्य की सभी उपलब्धियों की चाबी है, मानवीय प्रयासों का मुख्य स्रोत है, मनुष्य की आत्मा का गुप्त द्वार है। कल्पना मनुष्य को भौतिक वस्तुओं और भौतिक वस्तुओं से जुड़े विचारों की दिशा में कार्य करने के लिए प्रेरित करती है।

रचनात्मक दृष्टि बहुत व्यापक होती है, वह भौतिक चीजों में रुचि तक सीमित नहीं रहती है। यह अतीत के आधार पर भविष्य का आकलन करती है और अतीत से अधिक भविष्य की चिंता करती है। हमारी कल्पना, तर्क और अनुभव की शक्तियों से प्रभावित और नियंत्रित होती है। रचनात्मक दृष्टि इन दोनों को दरकिनार करके मूल रूप से नए विचारों और तरीकों से अपने लक्ष्य को प्राप्त करती है।

रचनात्मक दृष्टि के अनावरण और विकास के लिए दो चीजें आवश्यक हैं, शायद अन्य सभी बातों से अधिक आवश्यक हैं उनमें से एक है काम करने की एक ईमानदार इच्छा है और दूसरा है एक निश्चित उद्देश्य जो सकारात्मक मानसिक दृष्टिकोण के साथ सतत आगे बढ़ने की प्रेरणा के लिए पर्याप्त है।

–नेपोलियन हिल, 1883-1970

दृष्टि हमें चीजों को वैसा देखने में मदद करती है जैसी वे हो सकती हैं, जैसी वे हैं वैसी नहीं। ओल्ड टेस्टामेंट में लिखा है, 'दृष्टि न हो तो लोग नष्ट हो जाते हैं।' जहां इतिहास का अध्ययन करना जरूरी है वहीं दूसरी ओर मुझे लगता है कि थोमा जेफरसन की भविष्य की दृष्टि को वरीयता बनाम अतीत के इतिहास का अध्ययन हमें बताता है कि हम कहां थे इससे अधिक महत्त्वपूर्ण यह जानना है कि हम कहां जा रहे हैं।

–डॉन एम. ग्रीन, कार्यकारी निदेशक
नेपोलियन हिल फाउंडेशन

***

देखें

देखने के दो तरीके हैं। एक तरीका आंखों से देखने का होता है, दूसरा दिमाग से देखने वाला। हेलेन केलर ने एक बार एक सार्वजनिक संबोधन में कहा था कि उनसे भी अधिक अंधे कई लोग हैं। वो सही कह रही थीं। अंधे वे हैं जो देख नहीं सकेंगे।

अपनी आंखें और दिमाग खुला रखें।

न्यूयॉर्क वर्ल्ड अखबार के दिवंगत दृष्टिहीन संपादक जोसेफ पुलित्जर ने अपनी इस कमी के बावजूद अपने अखबार को ऊंचाइयों तक पहुंचाया। प्रेस्कॉट ने दृष्टिहीन आंखों से अपना महानतम इतिहास लिखा। महान उपदेशक हेन्सन ने केवल एक आंख के साथ, एक दर्जन आंखों वाले अधिकतर लोगों की तुलना में अधिक देखा और सीखा है। अक्सर दृष्टिहीन लोगों को अधिक दिखाई देता है।

अपनी आंखें और दिमाग खुला रखें।

अपनी आंखों का उपयोग करें। आसपास देखें। और उन्हें देखने के बाद, उनसे मित्र बनाएं। कोई भी दो व्यक्ति चीजों को बिल्कुल एक जैसा नहीं देखते। जेम्स वाट ने अपनी मां की चाय की केतली से निकलने वाली भाप में गुप्त शक्ति देखी। फ्रैंकलिन को अपनी पतंग की पूंछ में कुछ और ही तरह की उपयोगिता दिखी।

अपनी आंखें और दिमाग खुला रखें।

इस दुनिया में वास्तव में कई बड़ी चीजें अभी तक नहीं देखी गई हैं। आप, आज अपने साधारण से लगने वाले कार्य में ऐसे ही कुछ को या उनकी परछाइयों को देख सकते हैं। और यदि आप देख पाते हैं, तो देखने में लगे रहें। सीखने और बढ़ने का हमेशा यह एक शानदार तरीका होता है-जो कुछ भी देखा जा सकता है उसे देखने का संकल्प लेना। लेकिन आपकी आंखें तो आधा ही देख पाती हैं, बाकी भाग आपका मन देखता है।

अपनी आंखें और दिमाग खुला रखें।

***

याद रखें, जब आप इस दर्शन को व्यक्तिगत लाभ के लिए अपनाते हैं, तो आपको उन लोगों से लाभ होगा जिन्होंने इसे प्रदान किया है, और जो लोग आपका अनुसरण करेंगे आप उनके प्रति आभारी रहेंगे। इस देश को आगे बढ़ना चाहिए। अमेरिकी जीवन स्तर को बनाए रखा जाना चाहिए और इसे और भी ऊंचा उठाया जाना चाहिए। हमारे लोकतंत्र के स्वरूप की रक्षा की जानी चाहिए। हमारे स्कूलों और चर्चों को उन लोगों के लाभ के लिए सुरक्षित बनाया जाना चाहिए जो हमारा अनुसरण करेंगे, जैसे वे हमारे लिए उन लोगों द्वारा संरक्षित किए गए हैं जो हमसे पहले आए हैं।
–नेपोलियन हिल, 1883-1970

संयुक्त राज्य अमेरिका में रहना एक विशेषाधिकार है जिसे बेहतर जीवन की तलाश में अपनी मातृभूमि छोड़कर जाने वाले लोगों द्वारा संभव बनाया गया था। जरा एक सेकंड के लिए सोचें, आपने कब ऐसी खबरें देखी-सुनी हैं जहां किसी व्यक्ति ने घर में बनी नाव बनाई हो या अपनी जान जोखिम में डालकर संयुक्त राज्य अमेरिका छोड़कर दूसरे देश में भाग गया हो।
–डॉन एम. ग्रीन, कार्यकारी निदेशक
नेपोलियन हिल फाउंडेशन

***

यू.एस.

अमेरिका की सबसे बड़ी कंपनियों में से एक के प्रेसिडेंट के निजी कार्यालय में एक फ्रेम कार्ड पर ये दो बड़े-बड़े अक्षर लिखे हैं-यू.एस. ये शब्द बहुत-सी बातों का संकेत दे सकते हैं। लेकिन वास्तव में इसे संक्षेप में कहते हैं-यूनिवर्सल स्पिरिट (सार्वभौमिकता का भाव)। उनका यह भी मतलब है-

सहयोग करें।

सार्वभौमिकता का भाव लोगों को एक-दूसरे पर भरोसा करने के लिए प्रेरित करता है, आपको अपने प्रति, अपने दोस्तों के प्रति, अपने आदर्शों के प्रति और अपने व्यावसायिक संबंधों के प्रति वफादार बनाना चाहता है। और अंततः, सार्वभौमिकता का भाव में स्थितियों को सुचारू रूप से चलाने में मदद करने की महान इच्छा निहित होती है, किसी बेकार की कलह के बिना काम को पूरा करने की।

सहयोग करें।

भय, टकराव, निराशा, अविश्वास, अनास्था-यह सबकुछ सार्वभौमिकता की भावना न होने के कारण दिखाई देते हैं। यदि आपके संस्थान का आदर्श वाक्य यूएस (यूनिवर्सल स्पिरिट) है तो आपकी दुकान में कभी हड़ताल नहीं होगी। इसे पाने के लिए सुनहरे नियम से शुरुआत करें-

सहयोग करें।

विश्वास करें कि आपके पास खुशियों को बनाने वाले फार्मूले का एक बड़ा हिस्सा है। आपको यूनिवर्सल स्पिरिट की परिभाषा खोजने के लिए शब्दकोश का उपयोग करने की आवश्यकता नहीं होगी। आप तो बस-

सहयोग करें।

***

प्रकृति अपनी हर रचना को बनाते समय अतिरिक्त प्रयास करती है। वह प्रत्येक जीन या प्रजाति का जैसे-तैसे निर्माण नहीं कर देती है, बल्कि वह उत्पन्न होने वाली सभी आपात स्थितियों से निपटने के लिए प्रचुर मात्रा में सामग्री भी तैयार करती है और जीवन के प्रत्येक रूप को कायम रखने की गारंटी देने के लिए उसके पास अभी भी पर्याप्त मात्रा में संसाधन मौजूद हैं।

प्रत्येक वसंत ऋतु में फलदार पेड़ों पर फूल खिलते हैं। प्रकृति इतनी गुंजाइश बनाए रखती है कि हवा, पानी और आंधी-तूफान जैसी विपरीत परिस्थितियों में भी ये फूल पूरी तरह नष्ट न होने पाएं, ताकि उनसे फल तैयार हो सकें। मधुमक्खियों को आकर्षित करने वाले प्रचुर मात्रा में फूल पैदा करके प्रकृति थोड़ा और परिश्रम करती है। मेहनताना मिलने से पहले ही मधुमक्खियां अपनी सेवाएं देकर अतिरिक्त प्रयास करती हैं। इस अतिरिक्त मेहनत के परिणामस्वरूप फलों का उत्पादन अधिक होता है और मधुमक्खियों का अस्तित्व भी बचा रहता है।

–नेपोलियन हिल, 1883-1970

लगभग हर कोई समस्याग्रस्त है और हर किसी के पास इतने कार्य हैं जो एकदम खत्म नहीं हो सकते। लेकिन अगर हम व्यस्त होकर एक समय में एक ही काम को निपटाने का प्रयास करें, तो हम अगले, नए कार्य को शुरू कर सकते हैं। और एक समय में अच्छी तरह से पूरा किया गया कार्य हमारे कामों के बोझ को बहुत हल्का कर देता है।

–डॉन एम. ग्रीन, कार्यकारी निदेशक
नेपोलियन हिल फाउंडेशन

***

परिपूर्णता

यह दुनिया इंसानों, नौकरियों, व्यवसायों, कलाक्षेत्रों, मशीन के उद्यमों से भरी हुई है, लेकिन ऐसा कहा जा सकता है कि इनमें कई कमियां हैं, क्योंकि कोई न कोई लगातार गलती कर रहा है।

आप जो भी काम करें-अच्छी तरह से करें-पूरा करें।

जैसे ही आप अपने काम में कोताही करना शुरू करते है, आपकी विफलता का रास्ता तय होने लगता है। यह कोताही मामूली भी हो सकती है, लेकिन धोखा न खाएं, इसी क्षण से आपसे सफलता दूर भागने लगती है।

आप जो भी काम करें-अच्छी तरह से करें-पूरा करें।

यह बात स्वीकार करने की पर्याप्त समझ और साहस रखें कि काम करते हुए आपसे गलतियां होंगी। काम में कुशल होने के लिए सबसे बड़ी बात है इन गलतियों से सीखना, ताकि आप कभी भी एक ही गलती दोबारा न करें। सामने आने वाली हर बाधा पर विजय प्राप्त करें। जीतें और आगे बढ़ें। गंभीर रहें। परिपूर्ण बनें।

आप जो भी काम करें-अच्छी तरह से करें-पूरा करें।

जो कुछ भी मूल्यवान है, वह महत्वहीन नहीं है। और किसी भी महत्त्वपूर्ण काम को आप नजरअंदाज नहीं कर सकते या उसे लापरवाही से नहीं कर सकते। नियोक्ता इसीलिए नियोक्ता है क्योंकि वह किसी समय में एक अच्छा कर्मचारी था। परिपूर्णता से ही जीत की शुरुआत होती है। आधी रेत और आधे पत्थर पर बनी कोई भी संरचना टिकी नहीं रही है। परिपूर्ण बनें। इस विचार को एक आदर्श वाक्य के रूप में अपने मन में प्रतिदिन अंकित करें-आप जो भी काम करें-अच्छी तरह से करें-पूरा करें।

***

मनुष्य का मन जीवन में सभी तरह के चमत्कार कर सकता है यदि उन्हें उनके महत्व के क्रम में उसे समझाया जाए, क्योंकि मन वह उपकरण है जिसके माध्यम से मनुष्य खुद को उन सभी स्थितियों और परिस्थितियों से जोड़ता है जो उसके जीवन को प्रभावित करती हैं।

इसमें कोई संदेह नहीं है कि मानव मन प्रकृति द्वारा बनाया गया सबसे रहस्यमय, सबसे विस्मयकारी उत्पाद है और साथ ही सृष्टिकर्ता द्वारा मनुष्य को दिए गए इस सबसे शानदार उपहार को बहुत कम समझा गया है। इसका दुरुपयोग भी बहुत किया जाता है।

मनुष्य अपने दिमाग का जिस ढंग से उपयोग करता है, या उपयोग नहीं करता उसके परिणामस्वरूप उसे सफलताएं, विफलताएं और निराशाएं हाथ लगती हैं।

–नेपोलियन हिल, 1883-1970

नेपोलियन हिल ने अपनी पुस्तक 'यू कैन वर्क योर ओन मिरेकल्स' में लिखा है कि जीवन के चमत्कारों की सूची में सबसे ऊपर परिवर्तन है। परिवर्तन मानव प्रगति का साधन है और और दुनिया को अब तक ज्ञात उच्चतम जीवन स्तर प्रदान करता है।

–डॉन एम. ग्रीन, कार्यकारी निदेशक
नेपोलियन हिल फाउंडेशन

***

उपयोग

उपयोग! यह किसी भी भाषा के सबसे छोटे प्रेरणादायक शब्दों में से एक है। सोचिए कि मनुष्यों द्वारा अमेरिका की भूमि का उपयोग शुरू करने से पहले यह महान देश कैसा था! यह एक अद्भुत क्षेत्र, सच है, लेकिन मानव जाति के लिए बड़ा अनुपयोगी था, लेकिन जैसे ही विचारशील लोग आए और इस पर मेहनत से काम करने लगे तो एक निष्क्रिय पड़ी हुई दुनिया का चमत्कार उजागर हो गया। इसीलिए-

उपयोग ही विकास है।

अपने हाथ को एक बाजू में लटकाकर देर तक छोड़ दें। यह निष्क्रिय हो जाएगा। उपयोग न करने का अर्थ हमेशा नाश, भुखमरी-मृत्यु होता है।

उपयोग ही विकास है। आपके पास एक दिमाग है। उतना ही अद्भुत है, जितना महान कार्य करने वालों का होता है। लेकिन, यदि आप कुछ करने को बेताब आपके दिमाग की नन्हीं कोशिकाओं को कोई काम नहीं देंगे तो आपका व्यक्तित्व सामान्य-सा बनकर रह जाएगा।

उपयोग ही विकास है।

क्या आप जानते हैं कि लोग यदि किसी काम में विशिष्टता हासिल करते हैं, तो सिर्फ इसलिए क्योंकि वे अपने मस्तिष्क की कोशिकाओं को व्यस्त रखते हैं, वे प्रगति करने के हर अवसर का लाभ उठाना चाहते हैं, फिर वह अवसर कितना ही छोटा क्यों न हो।

उपयोग ही विकास है।

आपके द्वारा प्रत्येक मिनट, अवसर, हाथ-पैर, मांसपेशियों और मस्तिष्क की शक्ति का पूरा-पूरा उपयोग करने का अर्थ है अपने उद्देश्य की ओर बढ़ना। यदि आप इनका भरपूर उपयोग करते हैं, तो आपको आगे बढ़ने से कोई नहीं रोक सकता। वही स्त्री और पुरुष इतिहास में अपना नाम अंकित करते हैं, जो अपने संसाधनों और अपने अवसरों को पूरा-पूरा उपयोग करते हैं। क्या आप भी अपने व्यक्तित्व को विशेष बनाना चाहते हैं? तो याद रखें-

उपयोग ही विकास है।

***

अपने भीतर निर्णायक क्षमता विकसित करने का तरीका यह है कि आप जिस स्थिति में हैं, उसमें आपके सामने जो प्रश्न या समस्या आती है, उससे निपटने से शुरुआत करें। कोई भी निर्णय लें। निर्णय न लेने से बेहतर है, कोई निर्णय लेना।

अपना मन बनाना शुरू करें।

–नेपोलियन हिल, 1883-1970

एक समय में एक ही काम को सफल बनाने की दिशा में अपनी ऊर्जा केंद्रित करें। यदि आप एक ही समय में एक से अधिक कामों में अपनी ऊर्जा लगाना चाहेंगे, तो आप ठीक से काम नहीं कर पाएंगे। विशेषज्ञता हासिल करें और किसी भी काम को दूसरों से थोड़ा बेहतर करना सीखें, आपको इसका पुरस्कार अवश्य मिलेगा।

–डॉन एम. ग्रीन, कार्यकारी निदेशक
नेपोलियन हिल फाउंडेशन

***

वातावरण

वातावरण से तात्पर्य है हमारे आसपास की परिस्थितियां। इसके अलावा हमारे आसपास की परिस्थितियों में ऐसी अदृश्य शक्ति होती है जो हमारी मदद के लिए हमेशा तत्पर रहती है। कहने का मतलब यह है कि पर्यावरण प्रत्येक मनुष्य का सेवक है।

आप जहां हैं, वहीं रहकर कुछ खास कर सकते हैं। वातावरण एक निजी मामला है। इसलिए, यदि आपका वर्तमान वातावरण आपकी सफलता में बाधा बनता है, तो उससे दूर चले जाएं। एक नये वातावरण की खोज करें। जिन स्त्री और पुरुषों को अपना काम पूरा करने की आदत होती है, वे काम के लिए खुद वातावरण बनाते हैं, घंटे दर घंटे-दिन-ब-दिन।

आप जहां हैं वहीं कुछ अच्छा कर सकते हैं।

जॉन बूनयान ने जेल में रहकर अमर रचना पिलग्रिम्स प्रोग्रेस लिखी, दृष्टिहीन मिल्टन ने अनेक उलझनों के बावजूद पैराडाइज लॉस्ट लिखी। स्वतंत्रता के पुजारी जॉन ब्राउन मुस्कुराते हुए फांसी के तख्ते तक पहुंच गए, देखने, सुनने और बोलने में असमर्थ हेलेन केलर आशा की किरण थीं। इन सभी लोगों ने अपने वातावरण पर महारत हासिल की।

आप जहां हैं वहीं कुछ अच्छा कर सकते हैं।

वास्तव में इस दुनिया में रहने लायक लोग अपने वातावरण को इतना आकर्षक बनाते हैं कि वह सभी लोगों को अपनी ओर आकर्षित कर लेता है। आप, जो रोजगार करते हैं, अपने चारों ओर प्रसन्न श्रमिकों से घिरे रहते हैं। आप यदि नियोक्ता हैं, तो अपने आसपास प्रसन्नता का वातावरण बनाएं, प्रसन्नचित्त लोगों को अपने पास रखें। यदि आप नौकरीपेशा हैं, तो अपने मन को प्रसन्न करने वाले विचारों से भरें। आप अपना वातावरण स्वयं चुनते हैं। अपने वातावरण को अच्छा और अपने योग्य बनाएं।

आप जहां हैं वहीं कुछ अच्छा कर सकते हैं।

***

निराशावादी वह है जो हवा में काल कोठरी बनाता है।
-वाल्टर विनचेल, 1897-1972

यदि आपमें पर्याप्त दृढ़ विश्वास है और आप अपने विश्वास के अनुसार कार्य करते हैं, तो आप जो चाहें, वह बन सकते हैं। क्योंकि जो आपका मन जो कुछ भी कल्पना और विश्वास करता है, आप उसे हासिल कर सकते हैं।

थिंक एंड ग्रो रिच पुस्तक के शब्दों ने अनेक पाठकों के मन के संदेह को दूर करने या उनके भीतर आत्मविश्वास जगाकर बड़ी उपलब्धि हासिल करने हेतु आगे बढ़ने के लिए प्रेरित किया है। शायद आप भी ऐसे लोगों में शामिल होंगे।

लेकिन, कल्पना करें कि आप दोषी हैं और जेल की सलाखों के पीछे बंद हैं। एक नागरिक के रूप में आपके सारे अधिकार छीन लिए गए हैं, आपके साथी आपका तिरस्कार कर रहे हैं, परिवार और दोस्तों से अलग हो गए हैं, जो लोग आप पर निर्भर हैं आप उनकी मदद करने में असमर्थ हैं।

आप शक्तिहीन हैं।

थिंक एंड ग्रो रिच के शब्द आपको निराशा और संदेह से बाहर निकालने और अपना जीवन बेहतर बनाने में किस तरह मदद कर सकते हैं?

हजारों कैदी और पूर्व कैदी इस प्रश्न का उत्तर दे सकते हैं। 1950 के दशक के मध्य से जेलों में सिखाए गए सफलता के सिद्धांतों पर आधारित पाठों की एक श्रृंखला से उनके साथ-साथ कई जेल अधिकारियों और कर्मचारियों का जीवन भी बदल गया है।
-नेपोलियन हिल, 1883-1970

***

चिंता

यदि आपको यह पता चल जाए कि चिंता वास्तव में क्या है, तो आप अपने दैनिक जीवन में इसका उपयोग करना बंद कर देंगे। चिंता के लिए कहा जाता है कि यह शैतान ब्रांड का एक नमक है। यदि आपने इसकी आदत डाल ली, तो नर्क कैसा होता है, आपको यह पता चल जाएगा। चिंता से निपटने का एक ही उपाय है-मुस्कुराएं, मुस्कुराएं, मुस्कुराएं।

क्योंकि जहां मुस्कान होगी, वहां चिंता नहीं रहेगी। चिंता यानि जहर। यह बहुत खतरनाक जहर है क्योंकि यह न केवल आपके मन और जीवन की सूक्ष्म शक्तियों को नष्ट कर देता है बल्कि यह एक संक्रामक रोग की तरह फैलता है। जिस जगह पर उत्साह, विश्वास और आशा का वातावरण हो, वहां चिंता नाकाम रहती है। काम करते रहें।

काम, काम, और काम करते रहें।

चिंता व्यर्थ है, मूर्खता है! इस बात समझते ही आप बहुत जल्द ही इससे छुटकारा पा लेंगे और हमेशा के लिए इससे घृणा करने लगेंगे। क्या आपके पास ऐसा एक भी उदाहरण है, जिसमें चिंता ने आपका भला किया हो? तो फिर इससे छुटकारा पाएं।

मुस्कुराएं, मुस्कुराएं, मुस्कुराएं, मुस्कुराएं!

चिंता करने से न कुछ अच्छा हुआ है, न होगा। चिंता करके किसी ने न कभी एक पैसा कमाया है, न इसकी वजह से कभी किसी इंसान को मदद मिली है। लेकिन, यदि आप व्यस्त रहते हैं, यदि आप लगातार कोई न कोई सेवा देने की कोशिश करते रहते हैं, तो आपके पास चिंता करने के लिए न तो समय होगा और न ही आप उसके बारे में सोचेंगे।

काम, काम, और काम करते रहें।

***

प्रकाश फैलाने के दो तरीके हैं: मोमबत्ती या प्रकाश को प्रतिबिंबित करने वाला दर्पण।

-इडिथ व्हार्टन, 1862-1937

किसी व्यक्ति की क्षमता पर भरोसा करने से कितना फायदा हो सकता है, ये तो हम जान ही गए हैं।

इसे स्वयंकार्यान्वित भविष्यवाणी के रूप में जाना जाता है। लोगों पर विश्वास करना, और उनके साथ ऐसा व्यवहार करना जैसे कि उनमें बड़ी क्षमता है, वास्तव में उनकी कार्यक्षमता में बहुत सुधार करता है।

अध्ययनों से पता चला है कि सहयोगी तब बेहतर काम करते हैं जब उनके बॉस को उन पर भरोसा होता है। निर्ष बताते हैं कि केवल बॉस ही स्वयंकार्यान्वित भविष्यवाणी को गति प्रदान करता है।

-नेपोलियन हिल, 1883-1970

***

प्रोत्साहन

यदि आपको कभी किसी ऊंचे और अधिकार वाले पद पर काम करने का अवसर मिल जाए तो, लोगों की पीठ थपथपाने की आदत डालें। प्रोत्साहन की वास्तविक थपथपाहट।

अपनी सफलता के लिए औरों को प्रोत्साहित करें

आपने अभी-अभी किसी के आत्वविश्वास को जगाकर उसे अपने लक्ष्य को पाने के लिए दृढ़ निश्चयी बनाया हो, तो दुनिया में इससे बढ़कर और कोई प्रोत्साहन नहीं हो सकता।

अपनी सफलता के लिए औरों को प्रोत्साहित करें

यहां तक कि रेस के घोड़े में भी थपथपाहट मिलते ही फूर्ति आ जाती है। कहते हैं जब आप अपने चमकते हुए काले बूट को मुस्कुराकर देखते हैं तो उसकी चमक और भी बढ़ जाती है। प्रोत्साहन के अभाव में विफल होकर अनेक जीवन बर्बाद हो रहे है।

अपनी सफलता के लिए औरों को प्रोत्साहित करें

सफलताएं 'नियति के भरोसे' नहीं मिलतीं। प्रोत्साहन से सफलताएं हासिल होती हैं। मुस्कान, स्नेह भरी थपथपाहट, खरी-खरी तारीफ, जीत का जश्न ऐसी बातें हैं जिनसे लोगों का उत्साह और आत्मविश्वास बढ़ता है, व्यवसाय की प्रगति होती है और जगह-जगह व्यक्ति का गुणगान शुरू हो जाता है। कहते हैं, यदि आपको सीटी बजाना पसंद है, तो जिसे यह कला नहीं आती, उसे सिखाएं।

अपनी सफलता के लिए औरों को प्रोत्साहित करें

आप जो भी हैं, जहां भी हैं आपके बाजू वाला इंसान भी आपकी ही तरह है। प्रोत्साहन को दबाकर न रखें। लोगों के गुणों को लेकर उन्हें खाली करते रहें, ताकि वे गुणों से हमेशा भरे रहें। और, यदि ये छोटी-छोटी बातें आपको दिन-प्रतिदिन मदद करती हैं, तो उस व्यक्ति को याद करें जिसने इन्हें लिखा है। इससे उसे प्रोत्साहन मिलेगा।

***

सबसे अच्छा अनुशासन, शायद एकमात्र अनुशासन जो वास्तव में कारगर होता है, वह है स्व-अनुशासन।

-वाल्टर कीचेल तृतीय

जीवन में बिना मोल का कुछ नहीं है। हर चीज पर कीमत का टैग लगा होता है, और आपको अपनी इच्छित वस्तु प्राप्त करने से पहले पूरी कीमत चुकाने के लिए तैयार रहना चाहिए। यह कीमत आमतौर पर अग्रिम भुगतान की जानी चाहिए। आसान किश्तों में इसका भुगतान करना संभव है, लेकिन आपकी इच्छा की वस्तु आपकी अपनी हो जाने से पहले कुल कीमत का भुगतान कर देना होगा।

जितनी बार संभव हो अपने जीवन की योजनाओं और प्रमुख उद्देश्यों को अपने चेतन मन को याद दिलाते रहें। उनके साथ खाएं-पीएं, उनके साथ सोएं-जागें और जहां भी जाएं उन्हें अपने साथ ले जाएं। ध्यान रखें कि इस प्रकार आपका अवचेतन मन सोते समय भी आपके प्रमुख उद्देश्य की प्राप्ति के लिए काम करता रहेगा। अपना ध्यान उन चीजों पर रखें जो आप चाहते हैं और उन चीजों से दूर रखें जिन्हें आप नहीं चाहते हैं, जब तक कि आपका मुख्य उद्देश्य एक ज्वलंत इच्छा न बन जाए। याद रखें-मन जो भी सोच सकता है और विश्वास कर सकता है, उसे हासिल कर सकता है।

-नेपोलियन हिल, 1883-1970

***

इच्छाशक्ति

जॉन स्टुअर्ट मिल ने एक बार कहा था, 'चरित्र पूरी तरह से गढ़ी हुई इच्छाशक्ति है।' इसका मतलब यह है कि जीवन में सबसे बड़ा काम है अपनी इच्छाशक्ति का निर्माण और प्रशिक्षण।

न केवल सोचें, बल्कि सोचे हुए पर अमल भी करें।

क्योंकि इच्छाशक्ति को शिक्षित करने का यही एकमात्र निश्चित मार्ग है। जब कोई आपात्कालीन स्थिति आती है तो इच्छाशक्ति को हर समय निर्णय लेने, दृढ़ता और तत्परता से कार्य करने की सीख का पौष्टिक भोजन देना होगा। कमजोर इच्छाशक्ति भूखी इच्छाशक्ति होती है।

न केवल सोचें, बल्कि सोचे हुए पर अमल भी करें।

दृढ़निश्चयी और मेहनती व्यक्ति पर ध्यान दें। उसे जैसे ही कोई काम दिखाई देता है, वह उसे पूरा कर लेता है। बात मामूली लग सकती है। हो सकता है कि वह काम किसी दूसरे का हो, लेकिन बिना किसी हिचकिचाहट के काम पूरा कर लेता है, ताकि उसे दूसरे और बड़े कामों के लिए समय मिल सके।

न केवल सोचें, बल्कि सोचे हुए पर अमल भी करें।

किसी दुकान में सप्ताह में दस डॉलर कमाने वाली महिला, सप्ताह में पंद्रह डॉलर कमाने वाले क्लर्क और नौकरी से हटाए गए व्यक्ति की त्रासदी है एक अप्रशिक्षित इच्छाशक्ति। दिवंगत ई.एच. हैरिमन ने एक बार कहा था, 'मैं दस प्रतिशत आदमी नहीं हूं!' उनके यह कहने का अर्थ था कि वह अपनी मर्जी के मालिक हैं और काम करने में सबसे आगे हैं।

न केवल सोचें, बल्कि सोचे हुए पर अमल भी करें।

जिस काम को करने की आपकी जरा भी इच्छा नहीं है, उस काम को करने से कभी भी कतराना नहीं चाहिए। इच्छाशक्ति बनाने लिए यदि आवश्यक हो तो मामूली, नीरस काम भी करना पड़ सकता है। लेकिन जिस भी काम को करें पूरा करें और यथासंभव अच्छे ढंग से करें। इस बात को अच्छी तरह समझ लें कि रोज-रोज, छोटे-छोटे कामों में महारत हासिल

करने से बड़े काम सामने आने पर उन्हें करना आसान और स्वाभाविक हो जाता है।

***

नेपोलियन हिल ने एक बार लिखा था, 'वह व्यक्ति जिसका अपनी चेतना के साथ अच्छा संबंध और अपने रचयिता के साथ सामंजस्य हो, उसने चाहे जितनी संपत्ति जमा कर ली हो, या उसकी व्यक्तिगत उपलब्धियां कितनी भी उत्कृष्ट क्यों न हों, वह हमेशा विनम्र बना रहता है।'

हमारे लिए सबक यह है कि बड़ी-बड़ी उपाधियां और पद लोगों को सफल नहीं बनाते। इन्हें तो आसानी से छीना जा सकता है। लोग अपने करियर में इस आधार पर बने रहते हैं कि वे एक व्यक्ति के रूप में कैसे हैं।

-डोनाल्ड केफ

आप जिस काम को आज कर सकते हैं उसे कल पर कभी न टालें।

सफलता को हर दिन थोड़ा आगे बढ़ने की क्षमता से मापा जाता है। अपने प्रत्येक दिन को सही अनुपात में बांटना सीखें- पर्याप्त नींद, पर्याप्त काम और पर्याप्त आराम करते हुए एक सौहार्दपूर्ण दिन के लिए पर्याप्त खुशियां जुटाएं।

-डॉन एम. ग्रीन, कार्यकारी निदेशक
नेपोलियन हिल फाउंडेशन

***

सद्भाव

सामंजस्य बनाएं!

हम अपने बड़े सबक प्रकृति से सीखते हैं। घास, फूल, पेड़, पक्षी, चट्टानों जैसी उसकी रचनाओं पर नजर दौड़ाएं। इन सभी रचनाओं में सबसे प्रभावशाली बात क्या है? उनका मौन सद्भाव। प्रकृति कुछ भी बर्बाद नहीं करती। वह किसी से झगड़ा नहीं करती। वह नष्ट नहीं होती। उनका टीम वर्क बहुत अच्छा है। उसके सभी नियम पूर्ण सामंजस्य में हैं। कोई मतभेद नहीं हैं।

सामंजस्य बनाएं!

जहां सद्भाव नहीं है, वहां प्रगति नहीं है। एल्बर्ट हब्बार्ड की बेहतरीन सलाह है, 'लोगों से तालमेल बिठा लें या फिर बाहर निकल जाएं!' यह इस दुनिया के प्रत्येक पुरुष और महिला के लिए आदर्श वाक्य होना चाहिए।

सामंजस्य बनाएं!

ऐसा कोई व्यक्ति या व्यवसाय नहीं है जो सद्भाव के सरल नियम को लागू करके अपनी दक्षता को लगातार बढ़ा नहीं सकता। इससे मतभेदों को खत्म कर सकता है, अपने उद्देश्य के साथ वापस तालमेल बिठा सकता है।

सामंजस्य बनाएं!

आपको रोजगार देकर आपको सम्मान दिलाने वाली अपनी सर्वश्रेष्ठ सोच के साथ या उस परवाह के साथ सामंजस्य बनाए रखने के लिए अपनी विफलता के कारण खोई हुई ऊर्जा और खोए हुए जीवन के बारे में सोचें। क्या आपको एहसास है कि जिसे आप लापरवाही से ऊर्जा को नष्ट करते जा रहे हैं उसे फिर कभी सुरक्षित नहीं किया जा सकता है? ठहरें, इसी क्षण। अपनी मुस्कुराहटों, ऊंचे उद्देश्यों, बड़े संकल्पों को रिसने से रोकें। विद्रोही सोच आपकी जीवनी शक्ति को घटाती है, उसे खत्म कर देती है।

जागिए! सचेत और क्षमतावान के लिए कोई भी दिन बुरा या नीरस नहीं होता। आप जीतना चाहते हैं और इसीलिए आपके लिए सितारे और

ग्रह-नक्षत्र जो पूर्ण सामंजस्य में अपना काम करते रहते हैं, वह प्रेरणा है जो आपके दिन के हर कामकाजी मिनट को अद्भुत और जीवंत बनाती है।

सामंजस्य बनाएं!

***

जो व्यक्ति अपने सहयोगियों पर भरोसा करने की अहमियत जानता है, और परिपूर्णता से कम किसी भी स्थिति पर उसे समझौता करना मंजूर नहीं होता, उसकी सफलता तय है।

लेखक एल्बर्ट हब्बार्ड विश्वसनीयता पर इतना जोर देते थे कि जब फेलिक्स शे ने उनके पास एक पद के लिए आवेदन किया, तो उन्होंने शे की एक अनोखी परीक्षा ली। हबर्ड ने शे को अस्तबल में जाकर, घोड़े पर काठी चढ़ाने और उसे व्यायाम करवाने के लिए खलिहान के चारों ओर 100 बार चक्कर लगवाने का निर्देश दिया। शे ने बिना कोई सवाल पूछे उनके निर्देश का पालन किया।

इसके बाद हबर्ड ने शे को मधुमक्खी के जीवन और आदतों पर 1,000 शब्दों का निबंध लिखने के लिए कहा। एक बार फिर, शे ने बिना किसी सवाल पूछे वही किया, जो उनसे करने के लिए कहा गया।

नतीजा यह हुआ कि शे, हब्बार्ड के सबसे भरोसेमंद सहयोगियों में से एक बन गए और टाइटैनिक आपदा में हब्बार्ड की मृत्यु होने तक उनके साथ रहे।

हब्बार्ड ने वफादारी और विश्वसनीयता के बारे में लिखा, 'यदि आप किसी व्यक्ति के लिए काम करते हैं, तो उसके लिए ही काम करें! यदि वह आपको वह वेतन देता है जिससे आपकी रोजी-रोटी चलती है, तो उसके लिए ही पूरे मन से काम करें, उसके बारे में अच्छा बोलें, उसके बारे में अच्छा सोचें, उसके साथ खड़े रहें और जिस संस्थान का वह प्रतिनिधित्व करता है उसके साथ खड़े रहें।'

निर्भरता का कोई विकल्प नहीं है. यह एक बॉस और उसके अधीनस्थों, एक पेशेवर और उसके ग्राहकों, एक स्टोर मालिक और उसके ग्राहकों के बीच विश्वास की नींव है। यह व्यावसायिक और व्यक्तिगत संबंधों में आवश्यक है। विश्वसनीयता या निर्भरता का कोई विकल्प नहीं है। यह निर्भरता किसी बॉस और उसके अधीनस्थों, किसी पेशेवर और उसके ग्राहकों, एक स्टोर मालिक और उसके उपभोक्ताओं के बीच विश्वास की नींव होती है। यह व्यावसायिक और व्यक्तिगत संबंधों के लिए आवश्यक है।

कई अधिकारी अपने कर्मचारियों को पदोन्नति देने से पहले उनकी क्षमता को बाद में आंकते हैं, पहले उनकी विश्वसनीयता को जांचते हैं।

–नेपोलियन हिल, 1883–1970

***

अनिवार्यता

अपना समय उन बातों पर लगाएं, जो मायने रखती हैं। क्या आप अपने जीवन में अपनी दक्षता, अपना प्रभाव और अपने परिणामों को दोगुना करना चाहते हैं? यदि हां, तो मैं आपको इसका राज बताता हूं-अनावश्यक बातों को अपने जीवन से हटा दें।

अपना समय उन बातों पर लगाएं, जो मायने रखती हैं।

आधे से अधिक 'वफादार' सहयोगी 'हमेशा किसी और पर निर्भर रहने वाले' होते हैं और दुकान या ऑफिस की जगह घेरने वाले और 'टाइमपास' करने वाले ही होते हैं, उनके नियोक्ताओं को उनकी कामचोरी दिखाई ही नहीं देती। वे दिन-प्रतिदिन अपना काम तो करते हैं, लेकिन लगने वाले समय से दोगुने समय में काम पूरा करते हैं और इस प्रकार अपने नियोक्ताओं का आधा समय बर्बाद करते हैं।

अपना समय उन बातों पर लगाएं, जो मायने रखती हैं।

क्या आपने कभी मन लगाकर काम करने वाले, अधिकारी या लीडर को उनका काम करते हुए देखा है? वह अपने पत्र-व्यवहार में महत्त्वपूर्ण बात को तुरंत ताड़ लेता है, उसे तुरंत ही किसी कर्मचारी या समस्या का महत्त्वपूर्ण पक्ष दिख जाता है। फिर वह अनावश्यक बातों को खारिज कर देता है, और देखता है उसके आदेशानुसार जरूरी काम पूरे हुए हैं या नहीं। ऐसा आदमी आमतौर पर वह होता है, जो सबसे अधिक काम करता है और फिर भी उसके पास हमेशा बहुत जरूरी काम करने के लिए समय होता है।

अपना समय उन बातों पर लगाएं, जो मायने रखती हैं।

आज काम करते समय केवल उन्हीं बातों पर ध्यान दें, और उन्हें करने का प्रयास करें, जो वास्तव में आवश्यक लगती हैं। बेकार चीजों को किनारे कर दें। केवल आवश्यक चीजों पर ध्यान दें। क्योंकि इस संसार में आपकी गिनती तब तक नहीं होगी जब तक आप-

अपना समय उन बातों पर लगाएंगे जो वास्तव में मायने रखती हैं।

***

जो आदमी अच्छी पुस्तकें नहीं पढ़ता, वह किसी अनपढ़ व्यक्ति से बेहतर नहीं है।

–मार्क ट्वेन, 1835–1910

केवल शब्दों को पढ़ने का कोई अर्थ नहीं है, जब तक कि आप उन शब्दों के साथ अपनी भावनाएं या अनुभूतियों को न मिलाएं। आपका अवचेतन मन केवल उन विचारों को समझत और अमल करता है जो भावना या अनुभूतियों के साथ मिलकर उस तक पहुंचती हैं।

–नेपोलियन हिल, 1883–1970

एक अच्छी पुस्तक पढ़ना सफलता पाने का एक जरूरी हिस्सा है। लिंकन, जेफरसन और अन्य महापुरुषों के जीवन का अध्ययन करेंगे तो पता चलेगा कि उनके जीवन में पुस्तकों का कितना महत्तव था।

जो व्यक्ति अच्छी पुस्तकें पढ़ता है, उससे न केवल मनोरंजन होता है, बल्कि वह उस हद तक शिक्षित हो जाता है, कि न पढ़ने वाले लोगों से अलग पहचाना जा सकता है।

–डॉन एम. ग्रीन, कार्यकारी निदेशक
नेपोलियन हिल फाउंडेशन

***

पुस्तकें

पुस्तकों में ज्ञान भी मौजूद है और युगों से चली आ रही मूर्खताएं भी शामिल हैं। महान विचार, गंभीर अनुभव और गहनतम और लंबे प्रयोगों के परिणाम आदि भी पुस्तकों में संजोए गए हैं।

पुस्तकें पढ़कर काबिल बनें।

किसी व्यक्ति का चरित्र उसके द्वारा चुनी गई पुस्तकों से पता चलता है। किसी राष्ट्र का चरित्र काफी हद तक उन पुस्तकों से निर्धारित होता है जिन्हें वहां के पुरुष और महिलाएं पढ़ते हैं। दुनिया की दौलत पुस्तकों में है, सोने-चांदी, कीमती हीरे-जवाहरात, इमारतों और जमीनों में नहीं।

पुस्तकें पढ़कर काबिल बनें।

अच्छी पुस्तकें वास्तविक होती हैं। वे जीवन के विभिन्न हिस्सों का रूप दिखाती हैं। वे सच बोलती हैं और कुछ भी नहीं छिपातीं। पुस्तक के सबक को स्वीकारना या अस्वीकार करना आपके हाथ में है। आप इनका वास्तविक मूल्य अनायास ही जान लेते हैं। आप पुस्तकों के साथ सोचते हैं, कार्य करते हैं, चलते हैं, सक्रिय रहते हैं और जीते हैं। पढ़ते हुए आप उसका हिस्सा होते हैं। आप उस विचार को जीते हैं जो लेखक ने जिया था। इस तरह सालों पहले इस दुनिया से विदा हो चुका लेखक अपने विचारों के माध्यम से एक बार फिर जीवित हो उठता है। पुस्तक कितनी अद्भुत होती है!

पुस्तकें पढ़कर काबिल बनें।

अच्छी पुस्तकें विश्व को सहानुभूति का गुण सिखाती हैं। पुस्तकें ही प्रगति का कारण बनती हैं। पुस्तकें न हों, तो दुनिया नष्ट हो जाएगी। अच्छी पुस्तकों से आपके लिए कविता करना और संगीत सीखना आसान हो जाता है।

पुस्तकें पढ़कर काबिल बनें।

दुनिया में जितने भी लोगों ने महान कार्य किए हैं, वे बहुत अच्छे पाठक रहे हैं। नेपोलियन को हमेशा के लिए निर्वासन पर ले जा रहे जहाज पर

सवार एक अधिकारी से नेपोलियन ने कहा था, 'फिर से पढ़ो। कवियों को फिर से पढ़ो, कवि आत्मा को जगाते हैं, और मनुष्य को एक महानता प्रदान करते हैं।'

पुस्तकें पढ़कर काबिल बनें।

अच्छी पुस्तकें नियमित रूप से और व्यवस्थित ढंग से पढ़ें।

पुस्तकों से सीखें। किताबों से प्यार करें। पुस्तकों को जीएं।

***

- *कुछ लोग पैसा जमा करते हैं, ताकि वे इसे खुशी में बदल सकें, लेकिन समझदार लोग खुशी जमा करते हैं ताकि वे इसे बांट सकें और फिर भी यह उनके पास प्रचुर मात्रा में रहे।*
- *खुशियों के मूल स्रोत को कम किए बिना दूसरों के साथ साझा करके कई गुना बढ़ाया जा सकता है। यह एक ऐसी संपत्ति है जो बांटने से बढ़ती है।*
- *मुस्कान एक छोटी-सी चीज है जो बड़े परिणाम दे सकती है।*
- *खुशी को व्यक्त करना होता है, अपने पास रखना नहीं होता।*
- *आप किसी और की खुशी को लूटकर खुश नहीं हो सकते। यही बात रुपए-पैसों पर भी लागू होती है।*
- *एक मुस्कुराहट व्यक्ति की सुंदरता को बढ़ाती है और उसे बिना किसी लागत के बेहतर महसूस कराती है।*
- *किसी भी इंसान को नफरत से नहीं, स्नेह से जीता जा सकता है।*
- *जो व्यक्ति दिल खोलकर खुशियां बांटता है, उसके पास हमेशा खुशियों का भंडार बना रहता है।*
- *जिन चिंताओं को आप भौहें चढ़ाकर डरा नहीं सकते, उन्हें हंसी में आसानी से उड़ा सकते हैं।*

–नेपोलियन हिल, 1883–1970

एक सेल्समैन में सकारात्मक मानसिक दृष्टिकोण होना अत्यंत आवश्यक है। नकारात्मक सोच वाले व्यक्ति के लिए कुछ भी बेचना मुश्किल होगा।

एक सही मानसिक दृष्टिकोण काफी हद तक यह निर्धारित करता है व्यक्ति किस हद तक सफल होगा। बार-बार यह दोहराया जाता है कि मानसिक दृष्टिकोण ही सब कुछ है।

–डॉन एम. ग्रीन, कार्यकारी निदेशक
नेपोलियन हिल फाउंडेशन

***

बांटते रहें

इस ब्रह्मांड में सबसे उपयोगी पिंड सूर्य है। यह दुनिया को निरंतर अंधकार से दूर रखता है। यह प्रकाश के रूप में अपना सबसे बड़ा उपहार लोगों में बिखेरता है। साथ ही यह अपनी ऊष्मा भी बांटता है। इस पृथ्वी को गर्म रखता है। सूर्य से सीखें-

अपना प्रभाव फैलाएं।

अपने प्रभाव को प्रसारित होने लायक बनाएं। इसे अपने मित्रों तक प्रसारित करें। इसे अपने कार्यालय के सहयोगियों तक प्रसारित करें। इसे जिस सार्वजनिक पद पर हैं, वहां से प्रसारित करें। इसे अपनी स्वीकृति और सहमति के माध्यम से प्रसारित करें, और उस जिम्मेदारी को उठाने का साहस दिखाएं जो आपको अपना प्रभाव जमाने का मौका देती है।

अपनी मुस्कान बिखेरें।

क्योंकि मुस्कान और उत्साह से बढ़कर दुनिया में और कोई प्रेरणा नहीं है। आपको कहने की जरूरत नहीं है। आपकी चमकदार और प्रसन्नता भरी मुस्कान तो आपके चेहरे की रेखाओं और आपकी देह-भाषा और शारीरिक गतिविधियों से ही अपनी ऊष्मा और प्रकाश बिखेरेगी।

अपना ज्ञान प्रसारित करें।

अपने ज्ञान का उपयोग ऊंचे उद्देश्य के लिए करें। दबाकर रखे गये ज्ञान की कोई कीमत नहीं होती है। वही ज्ञान उपयोग है, जिसे आप लोगों को बांट सकें। आपको जो ज्ञान मिले, उसे प्रसारित करें।

अपना धन दूसरों को बांटें।

धन पूरी ईमानदारी से और अच्छे तरीके से कमाएं। फिर जहां जरूरी हो, वहां इसे लगा दें। इसे उन वफादार सहयोगियों के साथ बांटें जिन्होंने इसे बनाने में आपकी मदद की है। पैसा अपने आप में सबसे बेकार चीज है। इसकी असली अहमियत तभी है जब इसे नेक कार्यों में लगाया जाए।

अपनी सफलता बांटें।

एक वास्तविक विजेता के लिए इससे अधिक उत्साहवर्धक और कुछ भी नहीं है कि वह सफलता के जो रहस्य और सूत्र उसने सीखे हैं, उन्हें वह लोगों में बांटे। प्रकृति का चक्र चलता रहता है। मनुष्य की सफलता भी ऐसी ही होती है। जो आज तुम्हारे पास है वह कल किसी और का होगा। आपका काम है इस कानून का पालन करना कि कल जो आपके पास आया था, उसे आज बांट देना है। क्योंकि जीवन और सफलता का पक्का नियम है-बांटते रहना, प्रसारित करना।

***

आपको किसी पर दया करने के लिए इंतजार नहीं करना चाहिए, क्योंकि आप नहीं जानते कि कब देर हो जाए।

–राल्फ वाल्डो एमर्सन, 1803-1882

किसी पुरस्कार की अपेक्षा किए बिना सेवा करना और हर परिस्थिति में दूसरों की भावनाओं का सम्मान करने की आदत ही सौजन्यता है। जरूरत पड़ने पर, जब भी संभव हो किसी कम भाग्यशाली व्यक्ति की मदद करने के लिए विशेष प्रयास करने की आदत ही सौजन्यता है। अंतिम, लेकिन सबसे महत्त्वपूर्ण बात, स्वार्थ, लालच, ईर्ष्या और घृणा को नियंत्रित करने की आदत ही सौजन्यता है।

–नेपोलियन हिल, 1883-1970

***

सौजन्यता

कुछ लोगों के लिए सौजन्यता या विनम्रता बीते जमाने की बात लग सकती है और हो सकता है कि उन्हें इसे अपने जीवन में अपनाने की जरूरत महसूस नहीं होती हो। लेकिन, ऐसा नहीं है। शिष्टाचार कोई पुराने जमाने की बात नहीं है, जो व्यक्ति या व्यवसाय के साथ समाप्त हो जाए। कई लोगों और व्यवसायों का उत्थान ही इसके कारण हुआ है।

विनम्र बनें रहें।

इमर्सन ने एक बार लिखा था, 'किसी लड़के को पता और उपलब्धियां बता दीजिए। ऐसा करके आप उसे महलों और धन-संपत्ति का स्वामित्व सौंप देंगे, वह जहां भी जाएगा सौभाग्य उसके साथ होगा।' किसी व्यक्ति के लिए सौजन्यता और विनम्रता से व्यवहार करना लिखित सिफारिशों के हजार पत्रों से भी अधिक मूल्यवान है। सौजन्यता में धन या प्रभाव से भी अधिक शक्ति होती है।

कुछ साल पहले, वालेस नाम का एक युवक टिकट एजेंट के रूप में ऑयल सिटी, पेंसिल्वेनिया में एक रेलरोड ऑफिस की खिड़की के पीछे खड़ा था। लेकिन वह हर समय वहां खड़ा नहीं रहता था। जब उसे किसी ग्राहक को सीधे घर पर टिकट पहुंचाने का अवसर मिलता तो वह यह विनम्र उपकार करने से नहीं चूकता था। साथ ही उसने सेवा देने के नये तरीके भी खोजे। कारोबार बढ़ा। उसे एक बड़ी नौकरी मिल गई। फिर उससे भी बड़ी। आज, वह नौजवान पूरे एरी रेलबोर्ड का जनरल पैसेंजर एजेंट है। वह किसी दिन इसका प्रेसिडेंट भी बन सकता है। उसने अपने करियर में इस प्रगति का श्रेय सौजन्यता को दिया।

विनम्र बनें रहें।

सौजन्यता परिश्रम के बोझ को हल्का कर देती है। यह सम्मान मांगती है। सौजन्य, अवसर का छोटा भाई है और दिन के व्यस्त घंटों में उसके पीछे-पीछे रहता है। सौजन्यता से प्रगति सुनिश्चित है।

विनम्र बनें रहें।

विनम्र ऑफिस बॉय, विनम्र क्लर्क, विनम्र आशुलिपिक, विनम्र प्रबंधक, बड़े कामों की जिम्मेदारी उठाने वाले विनम्र लीडर-क्या कभी सुना है कि ऐसे लोगों की प्रगति नहीं हुई है, उसके हाथ बड़ी सफलता नहीं लगी है? इन सच्चाइयों पर विचार करें। क्योंकि सौजन्यता सबसे मूल्यवान है-
विनम्र बनें रहें।

***

अंततः, लोग केवल वही हासिल करते हैं जो उनका लक्ष्य होता है।
—हेनरी डेविड थोरो, 1817-1862

आपके भीतर सफलता की एक बड़ी संभावना है, लेकिन सबसे पहले आपको अपने दिमाग को समझना होगा और अपना जीवन स्वयं जीना होगा। तभी आप अपने भीतर की शक्तिशाली क्षमता को पा सकेंगे और उसका आनंद उठा पाएंगे। अपने आंतरिक स्व से परिचित हो जाएं और तब आप अपनी तय की हुई समय सीमा के भीतर जो चाहें वो जीत सकते हैं। आपके सपनों के लक्ष्यों तक पहुंचने में कुछ तकनीकें आपकी सहायता करती हैं, और इनमें से प्रत्येक तकनीक को आजमाना आपके बस में है।
—नेपोलियन हिल, 1883-1970

हम सभी को यह जान लेना चाहिए कि उद्देश्य तय करना ही सभी उपलब्धियों का प्रारंभिक बिंदु है। सरल शब्दों में कहें तो हम अपने लक्ष्यों तक पहुंचने की उम्मीद कैसे कर सकते हैं जब हमारे पास कोई उद्देश्य ही नहीं है। अधिकतर लोग सफलता हासिल नहीं पाते हैं। विफलताएं कभी यह तय नहीं करतीं कि उन्हें जीवन से क्या चाहिए। यदि आप सफलता की राह पर चलना चाहते हैं तो लक्ष्य तय करना इस सफर की शुरुआत होगी। इसे छोड़कर आप आगे बढ़ ही नहीं सकते।
—डॉन एम. ग्रीन, कार्यकारी निदेशक
नेपोलियन हिल फाउंडेशन

***

लक्ष्य

एक निश्चित लक्ष्य रखें।

किसी भी तरह की जीत हासिल करने का एक ही राज है-एक निश्चित आदर्श या योजना को लेकर जूझना। एक निर्धारित लक्ष्य और उसके रास्ते पर चलने का साहस रखने वाला व्यक्ति विफल नहीं हो सकता। वास्तव में, आप जो बनना चाहते हैं, वह आप पहले से ही हैं, आपमें संभावना मौजूद है।

एक निश्चित लक्ष्य रखें।

जॉन कीट्स के पहले प्रयासों की उनके आलोचकों ने हंसी उड़ाई, लेकिन उन्होंने उन पर कोई ध्यान नहीं दिया, पर चूंकि, उन्हें अपनी क्षमता पर पूरा भरोसा था और जब उन्होंने उन्हें अपनी अद्भुत कविता एंडिमियन लोगों के सामने रखी, तब आलोचकों के मुंह बंद हो गए। उन्होंने कहा था, 'मैं विफलता से कभी नहीं डरा, क्योंकि यदि मैं कोशिश करना जारी नहीं रखता तो महान बनने से पहले ही विफल हो जाता।' जब कीट्स की मृत्यु हुई तब उनकी उम्र केवल छब्बीस वर्ष थी-एक नौजवान! लेकिन उनकी दुनिया भर में उनका नाम हो गया। उन्होंने आखिर अपना लक्ष्य हासिल कर लिया था।

एक निश्चित लक्ष्य रखें।

जॉर्ज वॉशिंगटन ने जितनी लड़ाइयां जीतीं, उससे कहीं अधिक वे हारे, लेकिन उन्हें आजादी का अपना लक्ष्य हासिल हो गया। लोग एक स्कूल मास्टर वुडरो विल्सन के राष्ट्रपति पद पर बैठने से आश्चर्यचकित थे। लेकिन जो लोग उस व्यक्ति के बारे में जानते हैं, उन्हें पता है कि इस उच्च पद के लिए वह पच्चीस सालों से तैयारी कर रहे थे। उनका लक्ष्य केवल उस पद तक पहुंचना ही नहीं था, बल्कि अपने भीतर उसके योग्य क्षमता भी पैदा करनी की तैयारी की थी। उनका उद्देश्य केवल सम्मान प्राप्त करना नहीं, बल्कि जनता की सेवा करना भी था।

निश्चित उद्देश्य रखें।

विजेता 'भाग्यभरोसे' नहीं बनते। वे लक्ष्य को सामने रखकर काम कर करते हैं। हर शहर के सफल व्यवसायियों की एक बड़ी संख्या ऐसे लोगों की है, शुरुआत में जिनके पास एक लक्ष्य के अलावा कुछ भी नहीं था। आज उनकी कहानी क्या है? विशालकाय इमारतों और उनके बड़े-बड़े उद्यम शहरों की जान हैं। क्या आपके पास कोई लक्ष्य है? आपको केवल एक बड़े उद्देश्य की आवश्यकता है। बिना देर किये तलाशें। फिर इसका लगातार और साहसपूर्वक इसका पीछा करें। अपने उद्देश्य को दस अलग-अलग लक्ष्यों में विभाजित करके किसी में भी सफल न होने से बेहतर है एक बड़े लक्ष्य पर ध्यान केंद्रित करके कार्य करना और उसे स्वीकार्यता और सम्मान के साथ पूरा करना।

निश्चित उद्देश्य रखें।

***

कभी-कभी हमें अपने आपको याद दिलाना पड़ता है कि धन्यवाद वास्तव में एक गुण है।

-विलियम जे. बेनेट

पृथ्वी पर सबसे अच्छा निवेश शिष्टता या विनम्रता है, जो स्टोर 'मैं आपको धन्यवाद देता हूं।' इस वाक्य का उपयोग करता है वह ग्राहकों के लौटकर आने का भरोसा कर सकता है।

जो व्यवसाय में सफल हुए हैं, जरा उन लोगों की सूची देखें, तो और आप पाएंगे कि जो लोग सबसे अधिक सफल हुए हैं वे ऐसे लोगो थे, जिन्होंने अपनी उपलब्धियों का पूरा श्रेय दूसरों को दिया और जिन लोगों ने उन्हें अपनी सेवाएं प्रदान कीं, उनकी सराहना की, आभार माना।

अमेरिका के सबसे सफल व्यक्तियों में से एक उन सभी लोगों को धन्यवाद देता है, जो उससे मिलने के लिए आते हैं। फिर चाहे बिल कलेक्टर हो या किसी निचले पद पर काम करने वाला कर्मचारी हो। वह उन सभी को धन्यवाद देता है जो उसे टेलीफोन पर कॉल करके याद करते हैं।

यही व्यक्ति जब अपनी पत्नी से टेलीफोन पर बात करता है, तो हमेशा कहता है, 'आज तुम्हारी आवाज बहुत मीठी लग रही है।' अब जरा सोचें कि उसकी पत्नी कितने प्यार से अपनी जिम्मेदारियां निपटाती होगी।

वह अपने जूते चमकाने वाले लड़के की उत्कृष्ट कारीगरी की तारीफ करना नहीं भूलता। लड़के के चेहरे के भाव से पता चलता है कि प्रशंसा की यह अभिव्यक्ति उसे अगली बार बेहतर काम करने के लिए प्रेरित करती है और उसका बोझ हल्का हो जाता है।

जो व्यक्ति अच्छी तरह से किए गए काम की पूरे मन से प्रशंसा करता है वह प्रशंसा न करवने वाले ढीठ व्यक्ति से अधिक फायदे में रहता है। ज्यादातर लोगों के मन में इस तरह के सकारात्मक विचार नहीं आते।

-नेपोलियन हिल, 1883-1970

***

धन्यवाद

धन्यवाद देने की आदत उन सबसे अच्छी आदतों में से एक है, जो आपमें होनी चाहिए। एक पल के लिए सोचिए कि क्या आपको कभी किसी से मिले हुए 'धन्यवाद' पर पछतावा हुआ है? क्या धन्यवाद मिलने के कारण आपको कभी तुच्छता, असंतुष्टि या नाराजगी महसूस हुई? क्या इससे कभी आपके मन में की गई सेवा के लिए पश्चाताप हुआ है? नहीं न, तो-

धन्यवाद देने की आदत डालें।

हर समय अपनी कृतज्ञता की भावना को मामूली शब्दों में व्यक्त करना जरूरी नहीं है। जैसे ही आपको यह आदत लग जाएगी आप इसे अनजाने में ही जीने लेंगे। कृतज्ञ लोगों की आंखों से उनकी इस आदत का पता चलता है। यह संभवत: व्यक्ति का सर्वाधिक 'दिखावटी' गुण है। यह संक्रामक भी है।

धन्यवाद देने की आदत डालें।

आपकी मुलाकात एक क्रूर, अमानवीय व्यक्ति से होती है। वह अपनी सेवाएं कुछ इस तरह से देता है मानो वह कोई मशीन हो। आप उसे धन्यवाद देते हैं। वह तुरंत मानव बन जाता है! कृतज्ञता आप पर और अन्य लोगों पर भी एक शक्तिशाली उत्तेजक की तरह काम करती है। यह व्यक्ति को रूपांतरित करती है। जिस व्यक्ति ने 'धन्यवाद आदत' पर पूरी तरह महारत हासिल कर ली, उसके लिए हर दिन अच्छे होंगे, हर व्यक्ति के साथ उसका तालमेल बैठ जाएगा और घटने वाली हर घटना उसकी भलाई के लिए ही होगी।

धन्यवाद देने की आदत डालें।

किसी भी सेवा को हमेशा धन्यवाद के साथ स्वीकार करें। यदि आपका क्लर्क, या वेटर, या सचिव, या साथी, या मित्र कोई सेवा देता, चाहे वह कितनी भी छोटी क्यों न हो, एक बड़ी-सी मुस्कान के साथ, धन्यवाद कहें। यह एक बेहतरीन निवेश है। लाभांश सीधे आपके खाते में आ जाता है।

धन्यवाद देने की आदत डालें।

***

इस कथन को याद रखें-उद्देश्य की सुनिश्चितता ही उपलब्धियों का प्रारंभिक बिंदु है। यह प्रत्येक 100 में से 98 व्यक्तियों के लिए एक बड़ी बाधा है, क्योंकि वे वास्तव में कभी भी अपने लक्ष्यों को निर्धारित नहीं करते और एक उद्देश्य के साथ उनकी ओर बढ़ना शुरू करते हैं। इस पर विचार करें कि दुनिया में 98 प्रतिशत लोग बिना किसी लक्ष्य के जीवन में भटक रहे हैं और उन्हें इस बात का जरा भी अंदाजा नहीं है कि वे किस काम के लिए उपयुक्त हैं। उन्हें जानकारी ही नहीं है कि प्रयास करने के लिए किसी निश्चित लक्ष्य का होना बहुत जरूरी है। यह सभ्यता की सबसे बड़ी त्रासदियों में से एक है।

-नेपोलियन हिल, 1883-1970

***

दृष्टिकोण

हर घंटे बिना किसी दृष्टिकोण के भटकते हुए हजारों मानव का मलबा विफलता के नियाग्रा में लापरवाही से गिरता जा रहा है। इसके कारण एक दयनीय दृश्य बनता जा रहा है। कारण? उन्होंने अपनी पतवार का सही समायोजन नहीं किया है।

नौकायन से पहले अपनी पतवार की दिशा तय करें।

स्कूल में एक ऐसा लड़का है, जिसका लक्ष्य केवल कक्षा के घंटों के अनुरूप ही अपने पाठ को निर्धारित करना है, एक क्लर्क जिसके सपने अपने काम के आठ घंटों तक ही सीमित हैं, एक व्यक्ति अपनी सफलता को अपने वेतन के आधार पर मापता है-जीवन के प्रति दृष्टिकोण के ये तीन उदाहरण मात्र हैं। इनकी प्रगति संभव नहीं है। वास्तविक सफलता के बंदरगाह तक पहुंचने का एक ही रास्ता है और वह है-

नौकायन से पहले अपनी पतवार की दिशा तय करें।

दृष्टिकोण बनाने के लिए बस एक उद्देश्य की जरूरत होती है।

और किसी भी पुरुष या महिला के लिए केवल एक ही प्रकार का उद्देश्य मूल्यवान होता है- वह उद्देश्य जो किसी उपयोगी अंत की ओर जाता है।

नौकायन से पहले अपनी पतवार की दिशा तय करें।

यदि आप दिन की शुरुआत एक स्वस्थ दृष्टिकोण के साथ करते हैं, तो आप जब इसे समाप्त करेंगे तो एक खुशहाल, स्वस्थ और पहले से बड़े व्यक्ति होंगे। कितनी अद्भुत बात है कि एक बड़े, व्यक्तिगत और व्यापक दृष्टिकोण का प्रभाव अकेले आप पर नहीं, बल्कि आपके आसपास के पूरे वातावरण पर पड़ता है। वास्तव में, यह वातावरण कैसे बनाता है!

नौकायन से पहले अपनी पतवार की दिशा तय करें।

जीवन में सही दृष्टिकोण बनाएं। तब यह आपके काम में शामिल हो जाएगा और आपके मित्रों के जीवन और आपकी उपलब्धियों को समृद्ध बना देगा, साथ ही आपको पूर्ण सफलता भी दिलाएगा। प्रतिदिन प्रत्येक कार्य के लिए उचित दृष्टिकोण खोजें। दूसरे शब्दों में-

नौकायन से पहले अपनी पतवार की दिशा तय करें।

***

अच्छी शुरूआत, तो आधा काम पूरा।

-अरस्तू, 384-322 ई.पू.

समय एक कुशल कामगार है जो हार और निराशा के घावों को भर देता है, सभी त्रुटियों को सुधार देता है और सभी गलतियों को पूंजी में बदल देता है, लेकिन यह केवल उन लोगों का पक्ष लेता है जो टालमटोल नहीं करते हैं और निश्चित उद्देश्य साथ कुछ पूर्वकल्पित लक्ष्य को प्राप्त करने के लिए बढ़ते हैं। पल-पल भागते मनुष्य के साथ समय भी दौड़ लगाता जा रहा है। विलंब करने का अर्थ है पराजय, क्योंकि कोई भी व्यक्ति खोए हुए समय के एक सेकंड की भी भरपाई नहीं कर सकता है।

निर्णय लें और तत्परता से आगे बढ़ें, समय आपका साथ देगा। यदि आप झिझकते हैं या रुक जाते हैं, तो समय आपको दरकिनार कर आगे बढ़ जाएगा। समय बचाने का एकमात्र तरीका यह है कि इसे समझदारी से खर्च किया जाए।

मुझे बताएं कि आप अपने खाली समय का उपयोग किस तरह करते हैं और आप अपना पैसा कैसे खर्च करते हैं, और मैं आपको बताऊंगा कि अब से दस साल बाद आप कहां और क्या होंगे।-

नेपोलियन हिल, 1883-1970

***

आज

आज का दिन दुनिया के इतिहास का सबसे महत्त्वपूर्ण दिन है, क्योंकि यह नवीनतम दिन है और अपनी तरह का एकमात्र दिन है, जो फिर कभी उदय नहीं होगा।

कल कुछ नहीं है, जो है आज ही है।

आज के दिन चिंता का कोई काम नहीं। निराशा, भय, ईर्ष्या, कड़वाहट, पछतावा, क्रोध, स्वार्थ और वगैरह अतीत का एक हिस्सा हैं। आज उनकी कोई हैसियत नहीं होनी चाहिए। क्योंकि, जैसा कि पहले ही कहा जा चुका है, यह दिन फिर कभी नहीं आएगा। इसका शानदार स्वागत होना चाहिए और इसके चौबीस घंटे में किए जाने वाले कार्यों को पूरी गंभीरता से विचार-विमर्श के साथ जिम्मेदारी और सराहना के साथ किया जाना चाहिए।

कल कुछ नहीं है, जो है आज ही है।

आपकी आज की मुस्कान की कीमत कल लाखों में होगी। आपके प्रयास, आपके कर्म, आपका शिष्टाचार, आपके शब्द, आपके लिखे हुए विचार, आपका सब कुछ, आने वाले बीस वर्षों में आज की तुलना में कई गुना अधिक महत्त्वपूर्ण हो जाएगा।

कल कुछ नहीं है, जो है आज ही है।

इसमें आश्चर्य की कौन-सी बात है कि कुछ साल पहले आपके पूर्वज बंदर थे, पर आज तो आप मनुष्य हैं। आज से दस साल बाद आप महान शख्सियत होंगे या नहीं, यह इस बात पर निर्भर करेगा कि आप आज किस तरह के व्यक्ति हैं। नियति में दुर्घटनाएं नहीं होतीं। कल के बड़े काम के लिए आज छोटे काम से शुरुआत करनी होगी।

कल कुछ नहीं है, जो है आज ही है।

***

शिष्टाचार काम करने का सुखद तरीका है।
-राल्फ वाल्डो एमर्सन, 1803-1882

दूसरों की भावनाओं के प्रति संवेदनशील बने रहने की जागरूकता ही शिष्टाचार है। यदि आपके पास यह जागरूकता है, तो आपके पास शिष्टाचार हैं। इससे कोई फर्क नहीं पड़ता कि आप किस तरह से उसे व्यक्त करते हैं।
-एमिली पोस्ट, 1872-1960

अच्छे चरित्र वाले लोगों में हमेशा दूसरों के साथ साफ और स्पष्ट व्यवहार करने का साहस होता है। उनका व्यवहार ऐसा ही होता है, हालांकि कभी-कभी उन्हें इसका खामियाजा भी भुगतना पड़ता है। इसका लाभ उन्हें यह होता है कि वे अपनी साफ अंतर्आत्मा से लोगों के बीच जाने की क्षमता रखते हैं।

अंग्रेजी भाषा ऐसे शब्दों से भरी पड़ी है जिनके कई-कई अर्थ होते हैं इसलिए, दूसरों की संवेदनाओं को ठेस पहुंचाने वाले शब्दों का उपयोग करने की सामान्य आदत के लिए कोई वैध बहाना नहीं हो सकता है। नि:संदेह, कभी भी, किसी भी परिस्थिति में अभद्र भाषा का प्रयोग अक्षम्य है।
-नेपोलियन हिल, 1883-1970

***

शिष्टाचार

यह माना जाता है कि शिष्टाचार मनुष्य का निर्माण करता है। नहीं, आदमी शिष्टाचार बनाता है। क्योंकि शिष्टाचार ही मनुष्य हैं। और वे किसी चरित्र की व्याख्या उतनी ही निश्चितता से करते हैं जितनी सटीकता से वायु की दिशा और गति सूचक करते हैं।

हमेशा अपना सर्वश्रेष्ठ स्व बनें।

आप किसी कार, ऑफिस या घर में प्रवेश करते हैं, सड़क पर चलते हैं। आपके पसंदीदा लोग आपको हर जगह मिलते हैं। उनकी उपस्थिति में आपका शिष्टाचार आपकी स्थिति और आपके आनंद को दर्शाता है। आपकी शालीनता, आपका शिष्टाचार, एक क्लर्क के कठोर रवैये या आपके सामने आने वाले व्यक्ति के ठंडे रवैये को बदल देता है। लाभ आपका हो या सामने वाले का।

हमेशा अपना सर्वश्रेष्ठ स्व बनें।

एक बार डॉ. जॉनसन ने कहा था, 'सर, एक व्यक्ति को दूसरे व्यक्ति को अपमानित करने के अलावा उसे अभद्र बात कहने का भी कोई अधिकार नहीं है।' शिष्टाचारी स्त्री या पुरुष विचारशील और व्यवहारकुशल होते हैं। और शिष्टाचार की जन्मजात गुणवत्ता के अलावा कुछ भी वास्तविक नहीं है। पैसे या सामाजिक प्रतिष्ठा या त्वरित उपलब्धि के लिए इसे दांव पर नहीं लगाया जा सकता।

हमेशा अपना सर्वश्रेष्ठ स्व बनें।

शिष्टाचार सबसे अधिक प्रशंसनीय संपत्ति है। कुछ ही लोग ऐसे होते हैं, जिनमें इसकी संभावना नहीं होती। बड़ी संख्या में ऐसे भी लोग हैं जिन्होंने अपनी इस संपत्ति को कहीं छिपा रखा है, इसका उपयोग नहीं करते हैं। इन्हें खोजकर इनका उपयोग करने की आदत डालना चाहिए। इसकी शुरुआत करने के लिए आज से बेहतर और कोई दिन नहीं हो सकता। घर से ही इसकी शुरुआत करने के बारे में आपका क्या ख्याल है? अपने ऑफिस में इसे साथ ले जाना कैसा रहेगा? निश्चित लाभांश देने वाले के

रूप में शिष्टाचार को अपने ऑफिस के छोटे से लेकर बड़े कर्मचारियों, सहयोगियों में निवेश करने के बारे में क्या ख्याल है? आप ऐसा कर सकते हैं यदि आपने तय कर लिया है कि-

हमेशा अपना सर्वश्रेष्ठ स्व बनना है।

***

सबसे पहले ध्यान रखें:
व्यक्ति को अपने सिद्धांतों
और अपने आप के प्रति सच्चा होना चाहिए।

-विलियम शेक्सपियर, 1564-1616

अंतत:, हमारे पास केवल अपने आपको अनुशासित बनाए रखने की स्वतंत्रता है।

-बर्नार्ड बारूक, 1870-1965

व्यक्तिगत सफलता प्राप्त करने के लिए स्व-अनुशासन जितनी महत्त्वपूर्ण कोई अन्य आवश्यकता नहीं है। ...स्व-अनुशासन वह उपकरण है जिसकी सहायता से मनुष्य अपनी जन्मजात भावनाओं का उपयोग करके उन्हें मनचाही दिशा में मोड़ सकता है।

-नेपोलियन हिल, 1883-1970

***

आत्म-नियंत्रण

आत्म-नियंत्रण वह पुरुषोचित साहस होता है, जो आपातकाल में शांतिपूर्वक कार्य करने के लिए पूरी तरह से तैयार रहता है। आत्म-नियंत्रित व्यक्ति अपनी संपूर्ण शक्ति का संचालन करने में समर्थ रहता है। इसके अलावा, आत्म-नियंत्रित व्यक्ति ही मनुष्य अपने आपसे खुश रहता है क्योंकि वही सर्वेसर्वा होता है।

आप जो चाहें वो बन सकते हैं, बशर्ते आप बनना चाहें।

मस्तिष्क की जटिल शक्तियां सामूहिक रूप से कार्य करने के लिए एक लीडर की तलाश में रहती हैं। और मानवशक्ति आगे बढ़कर कमान संभालती है। सबसे पहली बात, आप वही हैं जो आप हैं। आपकी रचना किन्हीं अकुशल हाथों ने नहीं की है। दिव्य शक्ति ने आपको अनगढ़ रूप दिया है। वही दिव्य शक्ति आपको सशक्त बनाएगी। आत्म-नियंत्रण देवत्व की आधारशिला है।

आप जो चाहें वो बन सकते हैं, बशर्ते आप बनना चाहें।

आप स्वयं पर शासन करें और आप तुरंत खुद को स्थितियों के केंद्र में पाएंगे, क्योंकि आप अपने बनाए रास्ते पर चलते हैं। दूसरों को रास्ता दिखाते हैं। एक शानदार फैक्ट्री अपने हजारों पहियों, बेल्ट, बोल्ट और पेंचों के साथ बहुत सहजता और सामंजस्य के साथ काम करते हुए लोगों की प्रशंसा का पात्र बनती है, क्योंकि इसका अद्भुत पावर प्लांट, मानव की तरह पूर्ण आत्म-नियंत्रण में अपनी उत्कृष्ट मशीनों का उत्पादन करता है। लेकिन एक मानव के तौर पर आप इस मशीन से बेहतर हैं, क्योंकि पूर्ण आत्म-नियंत्रण के साथ आप अपने कामों शानदार ढंग से पूरा करते हैं।

आप जो चाहें वो बन सकते हैं, बशर्ते आप बनना चाहें।

आत्म-नियंत्रण में धैर्य, जब तुरंत बोलने का मन हो, तब मौन रहने की क्षमता और भविष्य की बड़ी घटनाओं का सामना करने के लिए अपने आपको मजबूत बनाए रखने की क्षमता शामिल होती है। स्वयं को जीते बिना कोई भी व्यक्ति कुछ भी नहीं जीत सकता। आप जुनून, जिद और शक्ति का मजबूत भंडार हैं। आपको अपने इन गुणों में महारत हासिल

करके उन्हें उचित अनुपात में मिलाने का हुनर सीखना होगा। यही हुनर आपको सफलता दिलाएगा। कोशिश करें-

आप जो चाहें वो बन सकते हैं, बशर्ते आप बनना चाहें।

***

व्यक्तिगत शक्ति प्रयासों के सामंजस्यपूर्ण समन्वय से प्राप्त होती है, किसी अन्य तरीके से नहीं।

–नेपोलियन हिल, 1883–1970

आपके पास चुनने की शक्ति है। इसलिए आपको सर्वोत्तम चुनना होगा। याद रखें,जैसा बोएंगे वैसा ही काटेंगे। आपके अनुभवों की फसल आपके द्वारा मन में बोए गए विचारों के सकारात्मक या नकारात्मक बीजों की गुणवत्ता, आपके द्वारा किए गए सकारात्मक या नकारात्मक कार्यों और उन लोगों को दिए गए सुझावों के अनुपात में होगी जिन्हें आप प्रभावित करना चाहते हैं।

ज्ञान प्राप्त करने के लिए सकारात्मक आत्म-सुझाव के बीज बोएं जिससे आप अवचेतन मन में आशावाद, परोपकारिता, उदारता, प्रेम, खुशी, आशा, अखंडता, साहस, अच्छा स्वास्थ्य, उच्चतम उपलब्धि और वित्तीय सफलता विकसित करें।

–डब्ल्यू. क्लेमेंट स्टोन, 1902–2002

***

प्रभाव

जैसे ही आप कुछ सोचना या करना शुरू करते हैं, उसका आप पर प्रभाव पड़ना शुरू हो जाता है। प्रभाव को आप घर पर नहीं रख सकते। और जब यह आपसे दूर चला जाता है, तो आप इसे कभी वापस अपने पास नहीं ला सकते।

आपका प्रभाव आपको कोई और ही बना देता है।

प्रभाव की कोई सीमा नहीं होती। हालांकि शुरुआत में यह बेहद मामूली लग सकता है, फिर भी इसकी मंजिल पृथ्वी के दूसरे छोर तक हो सकती है। यदि आप शक्ति की अवधारणा समझना चाहते हैं, तो एक शक्तिशाली व्यक्ति के प्रभाव को महसूस करें।

याद रखें आपके पास आपका प्रभाव ही एक ऐसी चीज है, जिसे आप न चाहकर भी लोगों को देते हैं।

ध्यान रखें कि आपका प्रभाव कभी भी पूरी तरह से अवशोषित नहीं होता है, न ही यह शून्य होता है। यह बार-बार सामने आता है। प्रभाव का अंत नहीं होता।

जीवन में मित्र, खुशी और सफलता जैसी तीन महत्त्वपूर्ण बातें व्यक्ति के उचित प्रभाव पर निर्भर होती हैं। जान लें कि अत्यंत विनम्र व्यक्ति का भी अपना विशिष्ट प्रभाव होता है। वह इसे धूप या छाया बिखेरने के लिए भेज सकता है। यह उसकी पसंद है.

इस दुनिया में एक आदमी की सबसे बड़ी जिम्मेदारी उसके हासिल करने और देने के तरीके में निहित है-उसका प्रभाव। वह अपने प्रभाव से सकारात्मकता या नकारात्मक बिखेर सकता है। यह उसे चुनना है।

इस दुनिया में किसी व्यक्ति की सबसे बड़ी जिम्मेदारी यह है कि वह किस प्रकार का प्रभाव ग्रहण करता है और किस तरह का लोगों तक पहुंचाता है।

आपका प्रभाव निश्चित रूप से विश्व के संपूर्ण कामकाज पर जबरदस्त प्रभाव डालेगा।

अन्य लोगों पर आपका प्रभाव और आप पर अन्य लोगों का प्रभाव निश्चित रूप से आपके और उनके दिन के पूरे काम को शक्ति प्रदान करेगा।

कोशिश करें कि आपका प्रभाव सच्चा और स्वस्थ बना रहे और फिर वह बार-बार आपको तरोताजा करने के लिए लौटता रहेगा।

***

असंभव को संभव बनाएं। जैसा कि हेनरी फोर्ड ने अपने इंजीनियरों से कहा था, 'काम करते रहो।' आप भी अपने आपसे यही कहते रहें।
－नेपोलियन हिल, 1883-1970

इस सकारात्मक मानसिक दृष्टिकोण और विश्वास के साथ अपने आप को सकारात्मक सोच से भरी एक अदम्य शक्ति के रूप में चित्रित करें कि आप अपने लक्ष्यों को प्राप्त कर रहे हैं, आप तनावमुक्त और आश्वस्त हैं।
－नेपोलियन हिल, 1883-1970

प्रत्येक शाम को अगले दिन के लिए कार्यों की सूची तैयार करना जरूरी है। सूची हमें याद दिलाती है कि सबसे पहले किस काम को करना है। सूची बनाकर काम करने से हम अधिक से अधिक कामों को पूरा कर पाते हैं और कम जरूरी कामों पर कम समय खर्च करते हैं। मान लीजिए कि यदि हमें दस काम करने हैं और आठ पूरे हो चुके हैं, तो संभवत: हमने बहुत कुछ हासिल कर लिया है। लेकिन यदि पहले और दूसरे क्रम में लिखे गए कामों को छोड़कर अंतिम आठ कामों को पूरा करते हैं तो इन्हें करते हुए दिन समाप्त हो जाता है और हमारे दो सबसे जरूरी काम रह जाते हैं। काम की सूची बनाने का तरीका आजमाएं परिणाम देखकर आपको खुशी होगी।

－डॉन एम. ग्रीन, कार्यकारी निदेशक
नेपोलियन हिल फाउंडेशन

***

सामना करें

कुछ लोग सोचते हैं कि उन्हें जिस काम की जिम्मेदारी दी गई है उससे बचकर निकल जाना सबसे आसान है। सच्चाई यह है कि अपने काम को हाथ में लेने और इसका सामना करना हमेशा आसान होता है।

जिन कामों का सामना करना चाहिए, कामचोर लोग उनसे बचने का रास्ता तलाशते हैं।

यह दुर्भाग्यपूर्ण है कि सबसे कीमती सबक कई बार जीवन में देर से सीखे जाते हैं। इसका सबसे बड़ा कारण किसी भी समस्या का सामना करने से घबराना या मुंह चुराना है। बहुत से लोग अपनी युवावस्था में ऐसी समस्या से बचते फिरे होंगे जिसे वह उसी समय आसानी से हल करके आगे बढ़ सकते थे, लेकिन उन्होंने तब तक इससे जूझने से इनकार किया जब तक कि जीवन के अंत में दुख और पश्चाताप की भीषण पीड़ा की आड़ में इसका सामना करने के लिए मजबूर नहीं हो गए।

किसी काम को करने की तुलना में उसे करने का निर्णय लेने में अधिक साहस की आवश्यकता होती है।

क्या आज आपको कोई विशेष कठिन कार्य करना है? सामना करें। क्या आपका कोई दुश्मन है? उसका सामना करें और उसे अपना मित्र बनाएं। क्या आप अभी जो काम कर रहे हैं उससे भी अधिक महत्त्वपूर्ण काम करने में अपने आपको सक्षम महसूस करते हैं? नए कार्य का सामना करें और उसमें महारत हासिल करने का निर्णय लें। जो भी समस्या है, साहस और बिना डरे उसका सामना करें। यह शांति और धैर्य व्यक्ति में तब आता है, जब वह अपने विवेक के अनुसार आगे बढ़ने का फैसला करता है। काम से कतराना या टालना समस्या का हल नहीं है। यदि कोई काम वास्तव में करने लायक है, तो उसका सामना करें और उसे पूरा करें।

***

यदि आप किसी काम में गुणवत्ता चाहते हैं, तो इस तरह व्यवहार करें जैसे कि वह गुण आपके पास पहले से ही है। 'मान लें' तकनीक आजमाने का प्रयास करें।

-विलियम जेम्स, 1842-1910

यह सर्वविदित तथ्य है कि लंबी बीमारी अक्सर व्यक्ति को ठहरकर, देखने, सुनने और सोचने पर मजबूर कर देती है! इस तरह से अपने भीतर से आने वाली उस धीमी आवाज को सुनने-समझने का दृष्टिकोण भी अपना सकते हैं जिससे आपको आपकी अतीत की हार और विफलताओं के कारण जानने में मदद मिल सकती है। एक समय में किसी प्रिय मित्र, जीवनसाथी, भाई या प्रेमी की मृत्यु हमें बड़ा अभाव मालूम पड़ती थी, कुछ समय बाद यही घटना हमें एक मार्गदर्शक या असाधारण क्षमता महसूस होने लगती है क्योंकि यह आमतौर पर हमारे जीवन के तरीके में क्रांतिकारी बदलाव ला देती है। यह दृष्टिकोण बचपन या युवावस्था के उस दौर को समाप्त कर देता है जो बिदा लेने की प्रतीक्षा कर रहा था, अवांछित व्यवसाय, खराब रिश्ता, बिगड़ी हुई जीवन शैली को समाप्त करके चरित्र के विकास के लिए अधिक अनुकूल नए लोगों से मिलने-जुलने का अवसर प्रदान करता है।

-नेपोलियन हिल, 1883-1970

***

संयम

संयम सफलता का एक बड़ा चरण है। क्योंकि संयम के बिना पूरी तरह से सफल नहीं हुआ जा सकता। जब हर कोई अपना धैर्य खो देते हैं, तो आपका संयम ही आपको सबसे आगे बनाये रखता है।

संयम में शक्ति है।

जब सभी तरफ से आपको दोष मिलने लगें, जब दोष ढूंढ़ने वालों की सभी उंगलियां आप पर उठने लगती हैं, जब आपके जीवन में विफलताओं का दौर जारी रहता है, मित्र जब शत्रु बन जाते हैं, जब खतरे के काले बादल आपकी ओर बढ़ने लगते हैं, तब अपना संयम आजमाने का समय होता है!

तब समय होता है अपने संयम और आत्मविश्वास से भीड़ का सामना करने का।

ठंडे दिमाग वाले यानि संयमी लोग ही युद्ध में विजयी होते हैं।

और आप जो संयम की कला के माध्यम से शासन और संरक्षण कर रहे हैं, आप युद्ध के लिए तैयार रहकर शांति की रक्षा कर रहे हैं।

शक्तिशाली व्यक्ति हमेशा सुनता है और सोचता है। इस तरह के रवैये से वह न्याय और स्वतंत्रता की सबसे जटिल समस्याओं पर विचार और मूल्यांकन कर सकता है। ऐसे व्यक्ति के लिए संयम धन से भरे बैंक के समान है। चरित्र का संयम उसे संतुलित बनाएगा और फिर वह योग्य और दुर्जेय बनेगा।

आपने कितनी ही बार एक्शन मैन को किसी भी महत्त्वपूर्ण काम को लेकर अपने डेस्क पर शांत और संयमित देखा होगा। जबकि उसके बारे में भ्रम का वातावरण रहता है और काम को महत्त्व न देने का आरोप भी लगता है। संयम पर अध्ययन करें और खुद पर लागू करें। जब आप अपने भीतर की अव्यवस्था और डर को खत्म करते हैं, तो संयम आता है।

***

मन को शांत करने में एक स्थिर उद्देश्य से बढ़कर किसी और योगदान नहीं होता। स्थिर उद्देश्य एक ऐसा बिंदु होता है जिस पर आत्मा अपनी बौद्धिक दृष्टि स्थापित कर सकती है।

–मैरी वोलस्टोनक्राफ्ट शेली, 1797–1851

सफल नेतृत्त्वकर्त्ता को अपने काम की योजना बनानी चाहिए और अपनी योजना पर काम करना चाहिए। जो लीडर बिना व्यावहारिक, निश्चित योजनाओं के, अनुमान के आधार पर चलता है, उसकी तुलना बिना पतवार के जहाज से की जा सकती है। देर-सवेर वह चट्टानों से टकराएगा।

–नेपोलियन हिल, 1883–1970

ओल्ड टेस्टामेंट में कहा गया है कि अगर किसी को कोई इमारत बनानी है तो उसे सबसे पहले एक योजना बनानी चाहिए।

जब कोई परिणाम वांछित हो तो दो बातें हो सकती हैं। पहला यह कि परफेक्ट योजना बनने तक इंतजार किया जाए और दूसरी योजनाएं बन जाने के बाद शुरुआत की जा सकती है। किसी प्रोजेक्ट में शामिल होने पर यह पता चल सकता है कि योजनाएं गलत या अधूरी हैं। इसका समाधान काम को छोड़ने में नहीं है, बल्कि नई योजनाएं बनाने, पुरानी योजनाओं को बदलने या दूसरों से मदद मांगने में है, बशर्ते उद्देश्य सार्थक हो।
–डॉन एम. ग्रीन, कार्यकारी निदेशक

–डॉन एम. ग्रीन, कार्यकारी निदेशक
नेपोलियन हिल फाउंडेशन

***

करने वाले काम

जो लोग बहुत अधिक काम करते हैं और ऐसा लगता है कि अभी भी उनके पास दूसरे कामों के लिए पर्याप्त समय बचा हुआ है, तो ये वे लोग हैं जो सावधानीपूर्वक तैयार की गई योजना के अनुसार अपना काम करते हैं। यह वह व्यक्ति है जो अपने हिसाब से पूरे 24 घंटों का उपयोग करता है, समय को बचाता है। वही लोगों का नेतृत्व करता है और शासन करता है।

सफल वे लोग हैं जो देखते हैं और करते हैं, विफल वे हैं जो देखते हैं पर करते नहीं हैं।

करने के लिए काम होना और उन्हें योजना के अनुसार करने से दुनिया में रोमांच पैदा हुआ है। इसे अगर लिखा जाए, तो यह आने वाली पीढ़ियों के लिए प्रेरणा के रूप में अमर रहेगा।

एक उदाहरण देखिए। ह्यूग चामर्स सबसे पहले ऑफिस बॉय, फिर सेल्समैन, फिर सेल्स मैनेजर, फिर नेशनल कैश रजिस्टर कंपनी के उपाध्यक्ष और महाप्रबंधक, बाद में एक संस्था के अध्यक्ष बने जिसे उन्होंने खुद संगठित किया और लाखों का कारोबार किया! हर रात श्री चामर्स के सचिव एक छोटी-सी पर्ची पर अगले दिन के लिए किए जाने वाले दस सबसे जरूरी कामों को लिखते हैं।

अगले दिन किए जाने वाले कामों की योजना पर पहले दिन रात को या उसी दिन सुबह सोच-विचार करके कार्रवाई करने के लिए उन्हें व्यवस्थित क्रम में लगाने के लिए जो समय खर्च किया जाता है, वह एडवांस में निवेश किया गया समय होता है।

विक्टर ह्यूगो कहते हैं, 'वह जो हर सुबह दिन के लेन-देन की योजना बनाता है और योजना का पालन करता है, वह एक ऐसा सूत्र लेकर चलता है जो उसे व्यस्ततम जीवन की भूलभुलैया में आगे बढ़ने का रास्ता दिखाएगा। उसके समय की व्यवस्थित व्यवस्था प्रकाश की किरण की तरह है जो उसके कार्यों में दूर तक साथ देती है।'

***

दुनिया के इतिहास में कभी भी आपके जैसा कोई दूसरा नहीं हुआ, और आने वाले अनंत काल तक भी कोई दूसरा नहीं होगा।

आप बहुत खास व्यक्ति हैं! और आपको सफलतापूर्वक तैयार करने के लिए कई कठिनाइयों का सामना करना पड़ा। जरा सोचिए, लाखों शुक्राणुओं ने एक महान युद्ध में भाग लिया, फिर उनमें से केवल एक ही विजयी हुई, जिसने आपको बनाया!

आपके जीन में आपकी अनगिनत पीढ़ियों की वंशानुगत सामग्री शामिल है। इससे कोई फर्क नहीं पड़ता कि आपके रास्ते में कितनी बाधाएं और कठिनाइयां हैं, आप एक चौंपियन बनने के लिए पैदा हुए हैं। और वे उन बाधाओं का दसवां हिस्सा भी नहीं हैं, जिन्हें आपके गर्भाधान के समय पहले ही दूर किया जा चुका है। विजय हर जीवित व्यक्ति में अंतर्निहित है।

–नेपोलियन हिल, 1883–1970

***

पूर्वज

क्या आप उन लोगों में से एक हैं जो यह जानने में अपना बहुमूल्य समय बर्बाद करना पसंद करते हैं कि आपके पूर्वज कैसे थे? सच तो यह है कि आपके पूर्वज वही थे जो आप हैं। कुछ अच्छे और बुरे जो आपके सामने से गुजर चुके हैं, वे अब कहीं न कहीं आप में मौजूद हैं।

सबसे बुद्धिमानी वाली बात जो आप कर सकते हैं वह यह है कि आप अपने अंदर अपने वंश के सबसे उपयोगी गुणों की खोज करें, और उन्होंने जिन कामों को अधूरा छोड़ा है, उसे और बड़े और शानदार ढंग से पूरा करने की कोशिश करें। जब-जब आप कल की तुलना में आज अपना काम बेहतर ढंग से करते हैं तो आपके वंश भंडार बढ़ता जाता है।

नेपोलियन के प्रसिद्ध मार्शलों में से एक, मिशेल नेय के बारे में एक कहानी बताई जाती है। रूसी अभियान के दौरान एक भोज में, एक प्रतिभाशाली महिला मार्शल को अपनी अद्भुत वंशावली के बारे में बता रही थी, तभी अचानक उसने सवाल किया, 'वैसे, मार्शल नेय, आपके पूर्वज कौन थे?' मार्शल उत्तर दिया, 'मैडम, मैं स्वयं एक पूर्वज हूं!'

आखिर, पूर्वज होना एक गंभीर जिम्मेदारी का काम है। हमें अपने सामने आई हुई चुनौती को पूरी ताकत से निपटना होगा।

जिस अनुपात में पुरुष और महिलाएं इस दुनिया में सेवा प्रदान करते हैं, क्या वे अपने स्वार्थ को भूल जाते हैं और अपनी जाति के 'भविष्य' के लिए योजना बनाना और सौदा करना शुरू कर देते हैं। जो पुरुष इस सत्य को अपने सिस्टम में शामिल कर लेगा, वह एक बेहतर क्लर्क, वकील, बिजनेस मैन, पिता या नागरिक बनकर ही रहेगा। और, कोई भी स्त्री अपनी आभा को अपने महत्त्वपूर्ण कामों लगाए बिना रहेगी नहीं।

पूर्वज? भला क्यों, हम सभी तो पूर्वज हैं!

***

तो क्या आपको कोई समस्या है? अच्छी बात है! क्यों? क्योंकि हर बार जब आप किसी समस्या का सामना करते हैं और पॉजिटिव मेंटल एटीट्यूड के साथ उससे निपटते हैं और उस पर विजय प्राप्त करते हैं, तो आप एक बेहतर, बड़े और अधिक सफल व्यक्ति बन जाते हैं।

–नेपोलियन हिल, 1883-1970

विफलता आपको मापने वाला एक सटीक उपकरण है। इससे कोई व्यक्ति अपनी कमजोरियों का पता लगा सकता है और इसलिए विफलता व्यक्ति की कमजोरियों को दूर करने में का अवसर प्रदान करती है। इस अर्थ में विफलता सदैव एक वरदान होती है।

विफलता आमतौर पर लोगों को दो तरीकों से प्रभावित करती है, या तो यह लोगों को और अधिक प्रयास करने के लिए चुनौती देती है, या यह किसी को दोबारा प्रयास करने से हतोत्साहित करती है।

अधिकतर लोग विफलता का पहला संकेत मिलते ही आशा छोड़ देते हैं। और बड़ी संख्या में लोग तब काम छोड़ देते हैं जब उन्हें एक विफलता मिलती है। एक प्रभावशाली और ताकतवर लीडर कभी भी विफलता से निराश नहीं होता है, बल्कि विफलता से हमेशा अधिक प्रयास करने के लिए प्रेरित होता है। अपनी विफलताओं पर नजर रखें और आपको पता चल जाएगा कि आपमें नेतृत्व संभावनाएं हैं या नहीं। आपकी प्रतिक्रिया ही आपको एक भरोसेमंद संकेत देगी।

यदि आप किसी दिए गए कार्य में तीन विफलताओं के बाद भी प्रयास जारी रख सकते हैं, तो आप अपने चुने हुए व्यवसाय में संभावित लीडर के रूप में खुद को 'संदिग्ध' मान सकते हैं। यदि आप दर्जनों विफलताओं के बाद भी प्रयास जारी रख सकते हैं, तो समझ लीजिए की आपकी आत्मा में एक प्रतिभा का बीज अंकुरित हो रहा है। इसे आशा और विश्वास की धूप दिखाएं और इसे महान व्यक्तिगत उपलब्धियों के रूप में विकसित होते हुए देखें।

–नेपोलियन हिल, 1883-1970

***

आने वाला कल

जिस व्यक्ति ने बीते हुए कल में कुछ नहीं किया, वह आने वाले कल में भी कुछ हासिल नहीं कर पाएगा, उसे जो करना है आज ही करना होगा।

जिस काम को कल पर टाल दिया जाता है, वह शायद ही आज पूरा हो पाता है।

आज ही किए गए बड़े और महत्त्वपूर्ण काम हमेशा सफल होते हैं, क्योंकि आज आपके पास समय है, काम के प्रति आपका रुझान बना हुआ है, आज जीवन और अच्छा स्वास्थ्य है और आज आपके पास अवसर भी है।

जिस काम को कल पर टाल दिया जाता है, वह शायद ही आज पूरा हो पाता है।

अब तक संपन्न किए गए कुछ सबसे बड़े काम एक ही दिन में किए गए। नेपोलियन को नर्क जैसी जगह में निर्वासित कर दिया गया था। एक सुनसान चट्टान पर, जिसके चारों ओर सशस्त्र पहरेदारों ने घेरा डाला हुआ था। ऐसा केवल इसलिए हुआ क्योंकि ब्लूचर ने अपना फैसला कल पर नहीं टाला, आज ही लिया। उसके लिए कल का मतलब हार था। उसने आज का सदुपयोग किया।

हो सकता है कि आज की तुलना में कल काम करना आसान हो, लेकिन यदि आप ऐसा करने का निर्णय लेते हैं, तो बहुत संभव है कि कल आप उस काम को करेंगे ही नहीं। आज कमाया गया पैसा आपको कल लाभांश देता है। जिस काम को आज हाथ में लिया जाए और आज ही पूरा किया जाए वह आने वाले कल में आपको सहजता और संतुष्टि देता है। आज बनाए गए रिकॉर्ड कल सेनानियों की महान सेनाओं को प्रेरित और नेतृत्व करेंगे। लेकिन-

जिस काम को कल पर टाल दिया जाता है, वह शायद ही आज पूरा हो पाता है।

***

स्त्रियां, पुरुषों की दुनिया बनाती हैं। कहा गया है, 'हर पुरुष के पीछे एक महिला खड़ी होती है।' यह कथन 100 प्रतिशत सत्य नहीं है। लेकिन, जब आपको कोई ऐसा उदाहरण मिलता है जिसमें यह बात सच साबित नहीं होती है, तो आपको सलाह दी जाती है कि आप पूछें, क्यों नहीं? कभी-कभार आपको ऊर्जा और जोश से भरपूर ऐसा व्यक्ति मिल जाएगा जो कहता हो कि उसमें इतनी शक्ति है कि वह महिलाओं की सहायता या सलाह के बिना ही अपना काम पूरा कर सकता है। लेकिन, संभावना यह है कि वह महिलाओं तो क्या पुरुषों के साथ भी घुलने-मिलने में सक्षम नहीं होगा, या फिर उसे अपनी मर्दानगी पर इतना संदेह होगा कि ऐसा कहकर वह अपनी कमी की भरपाई कर लेता है।

प्रागैतिहासिक का काल का शिकारी जब जंगल से अपने शिकार को मारकर लाता था, तो उसे अपनी स्त्री को दिखाकर गर्व का अनुभव करता था।

–नेपोलियन हिल, 1883–1970

इसमें संदेह नहीं है कि पुरुषों की सफलता का जितना श्रेय आमतौर पर महिलाओं की भागीदारी को दिया जाता है, वे उसके अधिक की हकदार हैं।

इतिहास ऐसे कई उदाहरणों से भरा पड़ा है, कुछ ज्ञात हैं कुछ की लोगों को जानकारी नहीं है।

जब हेनरी फोर्ड गैसोलीन इंजन के लिए कार्बोरेटर विकसित कर रहे थे तो उनकी पत्नी ने उन्हें जरूरी सामान खरीदने के लिए धन उपलब्ध कराया।

अमेरिका के सत्रहवें राष्ट्रपति एंड्रयू जॉनसन को उनकी पत्नी ने पढ़ना सिखाया था। इसमें कोई शक नहीं कि अगर उन्होंने पढ़ना नहीं सीखा होता, तो वे राष्ट्रपति नहीं बन पाते।

अक्सर, एक महिला का प्यार बाधाओं का सामना कर रहे पुरुष को हार न मानने के लिए प्रोत्साहित करता है। परवाह करने वाली महिला द्वारा दिए गए प्रोत्साहन से बढ़कर कोई अन्य प्रोत्साहन नहीं हो सकता।
–डॉन एम. ग्रीन, कार्यकारी निदेशक

–डॉन एम. ग्रीन, कार्यकारी निदेशक
नेपोलियन हिल फाउंडेशन

***

आगे बढ़ती रहें

यह संवाद महिलाओं के संबंध में है। अविवाहित और विवाहित दोनों ही तरह की। इस संवाद की विषयवस्तु खुशी और प्रेरणा सुनिश्चित करना है। इसका संबंध प्रगति से है। तो,

आगे बढ़ती रहें।

पुरुष के साथ कदम से कदम मिलाकर चलती रहें। क्योंकि उसने तो आपसे कुछ बेहतर करने के लिए पहले ही अपनी चाल तय कर ली है। प्रत्येक पुरुष की महानता और बड़े काम के पीछे हमेशा किसी महान महिला का हाथ रहा है। निश्चित ही वह महिला उस पुरुष द्वारा किए गए कार्य से अधिक महान थी। यह दुनिया इतिहास निर्माताओं की माताओं और पत्नियों के नाम पर हमेशा श्रद्धा से अपना सिर झुकाएगी।

आगे बढ़ती रहें।

जिस युवा साथी का नाम आप अपने साथ जोड़ने का विचार कर रही हैं, वह इन दिनों आपसे 'प्रेरणा' ले रहा है। आप, जो पहले से ही उसके साथ हैं, उसके बारे में आपका क्या ख्याल है? क्या वह आपके साथ-साथ कदम बढ़ा रहा है? और क्या आप आगे कदम बढ़ा रही हैं? यदि नहीं, तो अभी शुरू करें-

आगे बढ़ती रहें।

किसी पुरुष से प्यार करने वाली महिला भी उस पुरुष की तरह ही महान होती है, जो वह जैसा बनना चाहता है वैसा बनने में मदद करती है। एक महान व्यक्ति कभी भी उस महान महिला से बड़ा नहीं हो सकता जो उसे महान बनाने में मदद करती है। आप उस पुरुष की शक्ति हैं। लेकिन आप यदि उसे शक्ति प्रदान नहीं करती हैं तो वह थके हुए पंखों से अकेले उड़ान भरने के लिए मजबूर हो जाता है। तब, उसकी लड़ाई उसे शायद सफलता न दिला सके।

आगे बढ़ती रहें।

जैसे वह सीखता है, आप सीखती हैं। जैसे वह चढ़ता है, आप चढ़ती हैं। जैसे ही वह लड़ता है, आप लड़ती हैं। जैसे ही वह जीतता है, आप जीतती हैं। जब तक यह दुनिया रहेगी, आप, जो कभी-कभी खुद को 'सिर्फ एक महिला' मानती हैं, नेतृत्व और शासन करेंगी। आखिरकार यह आपका राज्य है। लेकिन घर में, व्यवसाय में और सार्वजनिक रूप से लोगों की आंखों के सामने, आपका प्यार और आपका जीवन पुरुष के साथ-साथ होना चाहिए।

आगे बढ़ती रहें।

***

हार और विफलता तब तक एकसमान नहीं होती हैं, जब तक कि आप इसे स्वीकार न कर लें। इमर्सन ने कहा, 'हमारी कमजोरी से ही हमारी ताकत बढ़ती है। जब तक हमें चुभोया नहीं जाता, डंक नहीं मारा जाता और गोली नहीं मारी जाती, तब तक क्या हमारे भीतर गुप्त ताकतों से लैस आक्रोश जागता है। एक महान व्यक्ति हमेशा छोटा ही बना रहना चाहता है। जब उसे लाभ की गद्दी मिलती है, तो वह सो जाता है। जब उसे जगाया जाता है, प्रोत्साहित किया जाता है, पराजित किया जाता है, तो उसे कुछ सीखने का मौका मिलता है। जब उसकी बुद्धिमत्ता या उसकी मर्दानगी को चुनौती दी जाती है, तो उसे सच्चाई का पता चलता है, वह अपनी अज्ञानता से सीखता है, उसका अहंकार चूर-चूर होता है, तब उसे संयम और वास्तविक कौशल प्राप्त होता है।'

−नेपोलियन हिल, 1883-1970

बहुत से लोग प्रतिरोध के पहले संकेत पर ही काम छोड़ देना चाहते हैं। 'दुनिया में दृढ़ता की जगह और कुछ नहीं ले सकता। प्रतिभा भी नहीं, विफल व्यक्ति अत्यंत प्रतिभाशाली होते हैं। प्रतिभा नहीं होगी, असाधारण क्षमता भी नहीं, अपुरस्कृत प्रतिभा एक कहावत ही है। शिक्षा नहीं, दुनिया ऐसे शिक्षितों से भरी पड़ी है जिन्हें कोई नहीं पूछता। दृढ़ता और संकल्प ही सर्वशक्तिमान हैं। श्प्रेस ऑनश (आगे बढ़ते रहो) के नारे ने मानव जाति की समस्याओं का समाधान किया है और हमेशा करता रहेगा।' पूर्व राष्ट्रपति केल्विन कूलिज के ये शब्द व्यक्ति की दृढ़ता की व्याख्या करते हैं। इनसे हमें अपने रास्ते में आने वाली बाधाओं को सीढ़ी के रूप में उपयोग करने की प्रेरणा लेनी चाहिए।

−डॉन एम. ग्रीन, कार्यकारी निदेशक
नेपोलियन हिल फाउंडेशन

***

आधा-अधूरा न छोड़ें

विफलता की सभी त्रासदियों का दुःखद सत्य हमेशा यही होता है कि हाथ में लिए गए काम की उपेक्षा की जाती है और उसे आधा-अधूरा छोड़ दिया जाता है।

काम शुरू करें तो उसे पूरा भी करें।

कुछ वर्ष पहले वेस्टर्न कॉलेज में एक युवक हताश और निराश हो गया। वह अपना कोर्स अधूरा छोड़ना चाहता था। उसने एक सफल व्यक्ति से सलाह मांगी तो यह सलाह मिली, 'इसे जारी रखो। पूरा करो। दुविधा के कारण मानसिक रूप से अस्थिर अनेक युवा कतार में भीड़ बढ़ा रहे हैं।' युवक ने सम्मान के साथ अपना कॉलेज पाठ्यक्रम पूरा किया। आज वह एक लीडर और सफल व्यक्ति है।

काम शुरू करें तो उसे पूरा भी करें।

कई लोग घड़ी देखकर काम बंद कर देते हैं। वह अपने उस दिन के काम को अधूरा ही छोड़ देते हैं। जो व्यक्ति अपने दिन की शुरुआत आधी-अधूरी मानसिकता से करता है और अंत में अधूरा जीवन ही व्यतीत करता है।

काम शुरू करें तो उसे पूरा भी करें।

उस व्यक्ति के मन में एक संतुष्टि और गुप्त शक्ति की अनुभूति होती है जो किसी काम को शुरू करता है तो उसे समाप्त भी करता है। जब आप इस तरह करेंगे, तब आपको इसकी सत्यता का एहसास होगा। सबसे महत्त्वपूर्ण कार्य हमेशा वही होता है, जो आपके हाथ में होता है। उसे पूरा करें। जब आप अपने हाथ के काम को समाप्त करें तो सुनिश्चित करें कि यह ईमानदारी से पूरा किया गया हो। अपने काम पर नजर दौड़ाएं। सुनिश्चित करें कि कुछ भी हिस्सा अधूरा न रह गया हो।

काम शुरू करें तो उसे पूरा भी करें।

परिपूर्णता को अपना गुरू बनाएं। छोटी-छोटी बातों को खोजकर नोट करें। सबके बारे में जानें। क्योंकि इन्हीं छोटी-छोटी बातों को जानने-समझने से काम में परिपूर्णता आती है।

काम शुरू करें तो उसे पूरा भी करें।

***

जीवन के हाशिए पर खड़े होकर अपने आपको गुजरते हुए देखना, हमेशा फायदेमंद होगा क्योंकि वह खुद को वैसे ही देख सकेगा जैसे दूसरे उसे देखते हैं।

-नेपोलियन हिल, 1883-1970

निस्संदेह, ऐसा करना ही बड़ा रहस्यमय है। आस्था या विश्वास का अस्तित्व तभी तक बना रहता है जब तक उसका उपयोग किया जा रहा हो। जिस तरह आप अपनी भुजाओं का दुरुपयोग करके उन्हें मजबूत नहीं बना सकते, उसी तरह आप केवल बात करने और इसके सोचने से विश्वास विकसित नहीं कर सकते। आस्था यानि विश्वास के साथ दो शब्द जुड़े हुए हैं-दृढ़ता और कार्रवाई। निश्चित उद्देश्य के पीछे लगातार कार्रवाई करने के परिणामस्वरूप विश्वास बनता है। मजबूत उद्देश्य और एक अच्छा इरादा मन से कई संदेह और भय और अन्य नकारात्मकताओं को दूर कर देता है। और, विश्वास को बनाने और उसे कारगर बनाने के लिए इन नकारात्मकताओं को दूर किया ही जाना चाहिए। जब आप किसी चीज की इच्छा करते हैं और उसे पाने के लिए लगातार सक्रिय रहते हैं, तो आप जल्द ही पाएंगे कि आपका दिमाग अपने आप आपके विश्वास को रास्ता दिखाने लगता है। कर्म के बिना विश्वास का कोई अर्थ नहीं।

जीवन की आपातस्थितियां अक्सर लोगों को ऐसे चौराहे पर ले आती हैं जहां उन्हें अपनी दिशा चुनने के लिए मजबूर किया जाता है, सड़क की एक ओर विश्वास होता है और दूसरी ओर भय। आखिर ऐसी कौन-सी बात है जो अधिकतर लोगों को भय का रास्ता पकड़ने के लिए मजबूर करती है? क्या चुनना है यह व्यक्ति के मानसिक दृष्टिकोण पर निर्भर करता है। जो व्यक्ति डर का रास्ता अपनाता है, वह ऐसा इसलिए करता है क्योंकि उसने अपने दिमाग को सकारात्मक नहीं बनाया है। यदि आप अतीत में विफल हुए हैं तो क्या हुआ? थॉमस एडिसन, हेनरी फोर्ड, राइट ब्रदर्स, एंड्रयू कार्नेगी और ऐसे कई महान अमेरिकी भी विफल हुए हैं। वास्तव में सभी महान लोगों ने अस्थायी हार को एक चुनौती के रूप में स्वीकारा है और फिर अधिक विश्वास के साथ अपने काम में और पूरे प्रयास लगाए हैं।

-नेपोलियन हिल, 1883-1970

***

दर्शक

जीवन में आप या तो साइड लाइन्स यानि किनारे पर खड़े हैं या फिर खेल में शामिल हैं। यदि आप साइड लाइन्स पर हैं तो आप केवल देख रहे हैं, दर्शक हैं। आप निष्क्रिय हैं। आप अपने व्यक्तिगत सुख को बढ़ा रहे हैं। यदि आप खेल में हैं तो आप कड़ी मेहनत कर रहे हैं, आपको आनंद मिल रहा है और आप सेवा प्रदान कर रहे हैं।

यदि आप दर्शक के बजाय खिलाड़ी हैं तो आपको हमेशा खेल का अधिक आनंद मिलेगा।

किसी भी कस्बे या शहर की सड़कों पर दर्शकों की कतार लगी रहती है। श्रमिक दुकानों, कार्यालयों और कारखानों के अंदर रहते हैं। कार्यकर्ता या कामगार ही दर्शकों का सहयोग करते हैं।

कोई भी व्यक्ति आपके लिए वह काम न करे जो आपको अपने लिए करना चाहिए।

किसी नौकरी में कोई पद पा लेना ही मायने नहीं रखता। आपको वास्तव में नौकरी करनी होगी, अन्यथा आपको दर्शकों की श्रेणी में रख दिए जाएंगे।

दर्शक के साथ सबसे बुरी बात यह है कि वह न तो खुद के लिए कुछ करता है और न ही अन्य लोगों को योगदान देता है। वह बेकार होता है।

दुनिया का सबसे मजबूत कानून क्षतिपूर्ति का कानून है। इसका न्याय निरंतर कार्य करता रहता है। यदि किसी को कोई सेवा देते हैं, तो आपको बदले में एक सेवा मिलती है। यदि आप कुछ नहीं करते, तो आपको कुछ भी वापस नहीं मिलता। अस्तित्व मात्र को जीना नहीं कहते। आपको मिले हुए चौबीस घंटों में काम करें, खेलें और आराम करें, लेकिन किसी भी समय दर्शक न बने रहें।

***

- जो व्यक्ति केवल जरूरत के समय अपने दोस्तों को याद करता है, जल्दी ही उसके सभी दोस्त साथ छोड़ जाते हैं।
- दोस्तों को सम्मान होना चाहिए, उन्हें हल्के में नहीं लेना चाहिए।
- यदि आप 'परिचितों' की संख्या बढ़ाना चाहते हैं, तो अमीर बनें और यदि आप दोस्त चाहते हैं, दोस्त बनें।
- यदि आपको किसी को निराश ही करना चाहते हैं, तो सुनिश्चित करें कि यह वह दोस्त न हो जिसने आपकी परेशानी में मदद का हाथ बढ़ाया था।
- एक दोस्त वह होता है जो आपके बारे में सब कुछ जानता है और फिर भी आपका सम्मान करता है।
- दोस्ती को जीवित रहने के लिए बार-बार इसे अभिव्यक्त करना चाहिए।
- दोस्ती, दोस्तों की गलतियां जानती है, लेकिन उनकी चर्चा नहीं करती।

–नेपोलियन हिल, 1883-1970

***

मित्र

मित्र उतने ही जरूरी हैं जितनी हवा, भोजन-पानी और कपड़े। क्योंकि जिसके मित्र नहीं हैं क्या वह अकेला और निकम्मा नहीं है? बेकार व्यक्ति का भला कौन मित्र बनना पसंद करेगा? जो जैसा है, वो वैसे को ही आकर्षित करता है।

मित्र पाने के लिए आपको दोस्त बनना होगा।

मित्र का संबंध दिल से होता है। मित्र से हम दिल की बात करते हैं, उस पर भरोसा करते हैं। दोस्ती में साहस, उत्साह और दयालुता हमेशा होती है। हम अपने मित्र से मिलने जाते हैं वह पूरा जिंदादिली से हमारा स्वागत करता है और जब हम वापस लौटते हैं तो महसूस करते हैं कि मित्र भी हमारे साथ आ गया है।

दोस्त एक ऐसा पारस्परिक भागीदार है जिसके साथ हमें किसी हस्ताक्षरित समझौते की आवश्यकता नहीं होती। कार्लाइल और टेनीसन के बारे में कहा जाता है कि वे एक भी शब्द बोले बिना घंटों एक साथ बैठे रहते थे और फिर अलग हो जाते थे। और इस मुलाकात के बाद दोनों ही प्रेरित और उत्साहित महसूस करते थे!

आपके पास एक मित्र है, इस बात का एहसास ही अपनी योजनाओं को लेकर आगे बढ़ने और जीतने की आपकी क्षमता का रहस्य है।

मित्र का आनंद संख्या पर निर्भर नहीं करता। केवल एक सच्चा मित्र रखें और वही पर्याप्त होगा! वह जो आपको समझने या आपकी रक्षा करने से पीछे नहीं हटेगा, बल्कि परीक्षा की कठिन घड़ी में खुशी-खुशी आपके साथ लड़ाई लड़ेगा।

वही आपका मित्र है जो आपके भीतर के सर्वोत्तम गुण को बाहर लाता है।

ईमानदारी से सेवा का गुण आपको आगे ले जाता है, प्रत्येक दिन की सफलता को निश्चित बनाता है, मानो इसे पहले ही पूरा करके आपको सौंप दिया गया हो। यदि आप इस बात को लेकर संशय में हैं कि आपको

दुनिया में क्या होना चाहिए, तो खुद को एक उत्कृष्ट मित्र बनाने के काम में लग जाइए। यह याद रखिए कि मित्र बनने और मित्र पाने के लिए जीवन बहुत छोटा है।

***

केवल वही आदतें अपनाएं जिनमें आप महारत हासिल करना चाहते हैं।
-एल्बर्ट हब्बार्ड, 1856-1915

आदतें दूसरा स्वभाव बनाती हैं।
-जीन बैप्टिस्ट लैमार्क, 1744-1829

पहले हम आदतें बनाते हैं, फिर वे हमें बनाती हैं। अपनी बुरी आदतों पर विजय प्राप्त करें, अन्यथा वे अंतत: आप पर विजय पा लेंगी।
-डॉ. रोब गिल्बर्ट

इधर-उधर भटकने वाला अपने विचारों को अनुशासित या नियंत्रित करने का कोई प्रयास नहीं करता है, और वह कभी भी नकारात्मक और सकारात्मक विचारों के बीच का अंतर समझ नहीं पाता है। वह अपने दिमाग भटकते हुए आने वाले किसी भी विचार में व्यस्त हो जाता है। जो लोग अपने भटकते हुए विचारों में खोने की आदत पर काबू नहीं पाते, वे अन्य विचारों में भी भटक सकते हैं। एक सकारात्मक मानसिक दृष्टिकोण जीवन की 12 महान संपत्तियों में से पहली और सबसे महत्त्वपूर्ण है, और इसे भटकने वाले लोग पा नहीं सकते। इसे केवल स्व-अनुशासन की आदत और समय के सम्मन से ही प्राप्त किया जा सकता है। अपने व्यवसाय में कोई कितना भी समय समर्पित कर दे, लेकिन वह समय सकारात्मक मानसिक दृष्टिकोण के लाभों की भरपाई नहीं कर सकता है, क्योंकि यही वह शक्ति है जो समय के उपयोग को प्रभावी और उत्पादक बनाती है।
-नेपोलियन हिल, 1883-1970

***

आदत

किन्हीं कामों को लगातार, बार-बार करना आदत है। एक बार किसी काम को कर लें तो उसका ट्रैक दिमाग चिह्नित कर लेता है। किसी काम को दो बार करें तो एक रूट मैप बन जाता है। किसी काम को तीन बार करें और तो एक रास्ता बन जाता है।

आंख की अचेतन झपक से लेकर दुनिया की लाखों-लाख सहज, अनजान गतिविधियों तक, सभी में आदत का कानून लगातार अपनी कार्यप्रणाली पर शासन करता है। सारा जीवन आदतों का एक समूह मात्र है।

सही काम को बार-बार करें।

आज बचाई गई छोटी-छोटी रकम कल बैंक में बड़ी रकम बन जाएगी। बचाए गया यही धन वर्षों के बाद आपका भाग्य बना देता है! आदत या तो आपको बना देती है या बिगाड़ देती है- या तो आपको ऊपर ले जाती है या नीचे गिरा देती है।

सही काम को बार-बार करें।

यदि आप आज काम करने में तत्पर हैं तो आप कल भी तत्पर होना चाहेंगे। यदि आप एक बार व्यवस्थित हो गए हैं तो आप निश्चित रूप से दोबारा व्यवस्थित बनने की कोशिश करेंगे। अभी किसी लायक चीज के लिए लड़ाई आगे उस लायक चीज की लड़ाई को आसान बना ही देती है। यह आदत का नियम है। और आदत छोटे से काम को बार-बार दोहराने से बनती है।

सही काम को बार-बार करें।

अपनी आदत से महान बनें! और कोई रास्ता नहीं। जो जिस काम को शुरू कर रहे हैं सही ढंग से शुरू करें। कहावत है कि आप अजगर के अंडों को तो सहला सकते हैं लेकिन अजगर के साथ नहीं खेल सकते। इसका अर्थ यह है कि आप बुरी आदत को आज ही खत्म कर सकते हैं, लेकिन अगर आप कल तक इंतजार करेंगे तो बुरी आदत आपको खत्म कर देगी।

सही काम को बार-बार करें।

***

मां बाज पक्षी जब अपने बच्चों के साथ होती है, तो उसे व्यवहार पर गौर करें। वह उन्हें जो पाठ पढ़ाती है, उसे ध्यान से देखें। एक मां की प्रवृत्ति बाज पक्षी से कहती है कि इससे पहले कि उसके बच्चे उड़ना सीखें, उसे अपने बच्चों को चट्टानों के ऊपर से नीचे धकेलना होगा और उनमें आत्म-विश्वास विकसित करने के लिए मजबूर करना होगा। बाज के बच्चे लड़ते हैं, चिल्लाते हैं और घोंसले को पकड़ कर रखते हैं क्योंकि उनमें अपने पंख फैलाने की हिम्मत नहीं होती है या उन्हें यह ज्ञान नहीं होता है कि 'अपनी पाल कैसे फैलाएं' ताकि वह हवा के सहारे अपना भोजन खोज सकें।

ये बाज पक्षी के बच्चे भी उन लोगों से अलग नहीं हैं, जिनमें आत्म-विश्वास की कमी होती है और इसीलिए वे सफलता पाने का प्रयास नहीं करते हैं। और यदि विपत्ति और दुर्भाग्य की हवाएं उन्हें अनुभव के शिखर की ओर ले जाती हैं, तो वे चीखते-चिल्लाते हैं और अपने लंगर को पकड़ लेते हैं, ठीक वैसे ही जैसे बाज के बच्चे करते हैं।

－नेपोलियन हिल, 1883-1970

***

आपकी मां

किसी भी भाषा का सबसे प्यारा शब्द है-मां। इस शब्द में प्रेम के इतने स्वर स्पंदित होते हैं कि पूरी दुनिया अक्सर उन माताओं को श्रद्धांजलि देती है जिनका वह सम्मान करती है।

नैन्सी हैंक्स-लिंकन की मां, फ्रांसिस विलार्ड और जेन एडम्स-मातृहीनों के लिए माताएं, महारानी विक्टोरिया-माताओं के राष्ट्र की माता।

आप चाहे जो हों, आपकी सबसे बड़ी संपत्ति आपकी मां है। आप दिवालिया हो गए हैं, निराश और हताश हो गए हैं, विफल हो गए हैं, दिल टूट गया है, अपने आपसे विमुख हो गए हैं, फिर भी आपके जीवन में एक आशा है-आपके सूर्यास्त में भी प्रकाश है-यदि आप अपनी मां को अपने विचारों, अपने हृदय में लाते हैं या फिर उससे मिलने के लिए स्वयं ही चले जाते हैं।

विश्व के इतिहास की सबसे अद्भुत घटना वह थी जब पहली महिला मां बनी। मानव जीवन एक खूबसूरत चीज बन गया है, क्योंकि दुनिया को मांएं मिल गईं।

प्रत्येक समुदाय में सबसे महान पात्र माताएं ही हैं। सबसे महान समुदाय वह है जो अपनी माताओं का सम्मान करता है। किसी भी समुदाय में सबसे महान व्यक्ति वे होते हैं जो मातृत्व को सर्वोच्च सम्मान देते हैं।

किसी स्त्री की मां बनने की महान उपलब्धि को न तो कभी कोई पार कर पाया है और न ही कभी पार कर पाएगा।

आपने आखिरी बार अपनी मां को कब पत्र लिखा था? अगर वह आपसे दूर चली गई है तो आप कितनी बार उसके बारे में सोचते हैं? क्या आपको एहसास है कि आप जो कुछ भी हैं या होने की उम्मीद करते हैं, उसकी शुरुआत उन वर्षों में हुई थी जब आपकी मां ने, अपने पूरे अस्तित्व को गर्व से स्पंदित करते हुए, आपको जकड़कर रखा था और प्रेम से भरी और चमकती आंखों से आपकी हर सांस को महसूस किया और घंटों तक आपकी धीमी दिल की धड़कनों के साथ तालमेल बिठाया? सोचिए, कैसे

इतने दिनों तक उसने आपको अपनी निःस्वार्थता और अपने त्याग में लपेटे रखा।

आप अपनी मां और मातृत्व को कितना सम्मान देते हैं, आपकी सफलता का पैमाना यही होगा।

अगर आपकी मां हमेशा मौजूद रहे तो आप उसे कितनी बेतुकी कहानियां सुनाएंगे? यदि आपकी मां की नजरें आप पर टिकी होतीं तो आप कितनी हल्की हरकतें और अन्यायपूर्ण मामले उसके सामने लाते? मां की सेवा करने से कभी न कतराएं क्योंकि एक समय ऐसा भी आएगा है जब सेवा करवाने के लिए वह मौजूद नहीं रहेगी। और फिर आप सोचते रह जाएंगे कि काश मां लौट आए!

यदि कभी विफलता दबाव डालने लगे, अगर कभी दोस्तों की कमी महसूस होने लगे, यदि कभी आपकी इच्छाशक्ति कमजोर पड़ने लगे, तो अपनी मां के बारे में सोचें और उसके आदर्शों के अनुसार जिएं।

आज की लड़ाई में उतरते समय अपनी मां को चूमकर निकलें और दिन के अंत अपनी मुस्कुराहट से उसके चेहरे को खुशियों से भर दें। उसकी परवाह करें। अपने व्यवसाय के बारे में उसे बताएं। आपके साथ नहीं रहती है, तो जहां रहती है वहां उससे मिलने के लिए बार-बार जाएं।

उसकी सजीव उपस्थिति आपको साहसी बनाए रखे। और यदि वह आपसे बहुत दूर चली गई है, तो उसकी स्मृति को अपना मार्गदर्शक बनाएं, उससे प्रेरणा लें, बिल्कुल वैसे ही जैसे एक बार आपने उसके विश्वास का मार्गदर्शन किया था, उसे प्रेरणा दी थी।